Algunos ensayos

de más

de

Jorge Rodríguez Padrón

(2ª edición)

Los Papeles de Brighton

2016

Publicado por
Los Papeles de Brighton,
Camino de Génova 39, bajos A
07014 Palma de Mallorca
Islas Baleares (España)
http://lospapelesdebrighton.com

ISBN: 978-84-945158-5-9
Depósito legal: PM 921-2016

Algunos ensayos de más
Primera edición: Brighton, 18 de marzo de 2014
Segunda edición: Palma, 13 de agosto de 2016
Colección Mayor, número 2
Diseño de la colección: laculture.es

JORGE RODRÍGUEZ PADRÓN (Las Palmas, Islas Canarias, 1943). Doctor en Filología Románica, catedrático de Literatura, periodista y profesor asociado en la Universidad Complutense (Madrid) y visitante en la ULPGC (Las Palmas) y en la Brigham Young University (Utah, USA). Aunque en 1968 publicó una breve entrega poética, *Geografía e Historia* (Mafasca, Las Palmas), se dedica exclusivamente a la crítica literaria. Algunos de sus libros son *Domingo Rivero, poeta del cuerpo* (Madrid, 1967), *Octavio Paz* (Madrid, 1976), *Antología de Poesía Hispanoamericana, 1915-1980* (Madrid, 1984), *Lectura de la poesía canaria contemporán*ea (Islas Canarias, 1991), *Salvando las distancias* (Tenerife, 2002), *El barco de la luna. Clave femenina de la poesía hispanoamericana* (Caracas, Venezuela, 2005), *El discurso del cinismo* (Tenerife, 2006), *La memoria y sus signos* (Tenerife, 2007), *Dietario del margen* (Tenerife, 2010), *Oyendo lo que algunos dicen públicamente. Debates sobre poesía española* (Madrid, 2010), *En la patria perdida. Perspectivas y lecturas del romanticismo* (Madrid, 2013), *Variaciones sobre el asunto. Ensayos de literatura insular* (Las Palmas, 2015) o *Memoria y lectura de (casi) cincuenta años* (Las Palmas, 2016).

Algunos ensayos

de más

ÍNDICE

LO HE PENSADO MUCHO. HE TENIDO QUE VENCER *muchos repa-
ros, despejar muchas dudas. Nunca, antes, tantos escrúpulos.
¿A qué ahora con estas? El asunto ha sido dilucidar la oportu-
nidad o no de dar a la imprenta estos pocos ensayos, que tal
vez no sean de mi competencia, como podría decir (y no sin
razón) cualquiera que haya seguido mínimamente mi trayec-
toria. Hasta el momento de redactar estas líneas, insisto, sigo
sin ver del todo claro que este libro lo sea. Bien es cierto que
eso de la competencia puede tener sus más y sus menos. Si
me atengo estrictamente a la cuestión de los saberes, quizá
los temas tratados en este libro desborden —en efecto— los límites dentro de los cuales me he movido, y me muevo, habitualmente; pero si pienso en la responsabilidad que, como
persona de mi tiempo, debo asumir, veo que hay razones so-
bradas para haber tentado la suerte y arriesgar estas, más
que opiniones, posiciones que me harán aparecer, tal vez, como intruso en este espacio de once varas. Intruso, sí. Quizá lo
sea. Más no por ello habré de pensar que esta intervención
mía esté fuera de lugar, o me venga grande, como esas once
varas a las que acabo de aludir. Así, cuando en el mismo título digo ya "ensayos de más", aludo —primero— a que los consi-
dero en tanto piezas separadas, y como tal invito a que sean
leídos; pero deseo advertir también —y no en segundo término
precisamente— que el generoso lector que ha tenido la pacien-
cia de llegar hasta aquí puede entrar en estos ensayos como
tentativas (lo son, sin duda) sobre asuntos que me llevan un
poco más allá de lo que mi escritura ha alcanzado hasta ahora; o mejor, de lo que he llegado a escribir... Porque hasta estos extremos me han conducido caminos que nunca pensé
pudiera transitar; y que —en un determinado momento— me vi
en la necesidad de transitarlos, a riesgo de perderme. Una necesidad que lo es de explorar territorios colaterales del que
hasta ahora he habitado; y que acabo por descubrir que me

ayudan a continuar mi propio itinerario en mejores condiciones de entendimiento y, sobre todo, de reconocimiento.

Por lo que acabo de decir, parecería que estoy convencido ya de que estos ensayos pueden andar por el mundo con total autonomía, alcanzada la que podría considerarse su mayoría de edad. Y no. Me queda siempre la conciencia —rumiando dentro— de que dejarlos de la mano es hacerles (y hacerme) un flaco favor. Pero de estas inquietudes, pienso también y cierro ya este pliego de descargo, quién se libra cuando ha aceptado que este de escribir es su oficio. Solo me queda —no puede ser de otra manera— pedir benevolencia. Y, desde luego, agradecer a su editor la confianza depositada en estas hojas volanderas que ahora emprenden su aventura pública.

PODRÍA PARAFRASEAR AQUÍ un título de Rafael Sánchez Ferlosio. De esa manera, me acercaría bastante a la intención que mueve estas notas: por muchas cosas que pasen, por importantes que las palabras sean, mientras no cambie nuestra relación con ellas –con las palabras, quiero decir– nada habrá cambiado. Un ejemplo: *democracia*. Ante este concepto, y el término que lo nombra, solemos postrarnos reverentes y celebrarlos a diario con absoluta tranquilidad; diría que hasta con impunidad. Tan ciegos, sin embargo; como si desde la Ilustración acá nos hubiesen lavado la mirada, como si la monomanía del *progreso* (otra palabra que merecería el mismo análisis), reforzada primero por el triunfo de la ciencia, y por el de la tecnología después, se empeñara en no dejarnos ver el bosque. Tan ciegos, sí, que ni vemos su actual estado de demolición. Porque, o yo sé poco de estas cosas, o nos hallamos en una situación muy similar a la vivida en los años treinta del pasado siglo, con la irrupción de los totalitarismos de tan funesto signo, y todo lo demás que trajeron consigo. Muy cerca, aunque ahora se disimule mucho más; y se corra una cortina de discursos atenuadores a los cuales –por mucho que pretendan evitarlo– se les nota que se aplican a toda suerte de piruetas verbales para parecer que no dicen lo que dicen, para que no quede muy clara su verdadera intención. Debo añadir inmediatamente: son los intelectuales –críticos que esperaríamos fueran– quienes con más empeño se apresuran a construir tales discursos, siempre contra la sinceridad y siempre a favor del cinismo, en un ejercicio verdaderamente suicida.

Con la *corrección* como coartada, se vacía del todo el contenido *político* (en su más genuino sentido) de la relación democrática; se debilita y acaba perdiéndose –esto, lo peor– el sustento ético imprescindible para que la democracia lo sea. Una labor de zapa que no es de ahora mismo; viene manifestándose desde muy atrás en el tiempo, alimentada por la equívoca creencia en que, por haberse alcanzado un nivel razonable en la práctica democrática, todo está conseguido y bastará cumplir disciplinadamente sus hábitos de rutina para no tener que preocuparnos de más: disciplina y hábito (y no me echo atrás en el uso de ambas palabras) que el pensamiento de izquierdas –con su cómodo gregarismo que siempre dijo compromiso colectivo– se encargó de imponer con su evidente inclinación eclesial, y que ahora vuelve a reivindicar, en un ejercicio de imposible nostalgia, porque capta el lado moridor de nuestra sociedad de masas y consumo. ¿Qué ha pasado, sin embargo, con el sujeto democrático, con el ciudadano libre, sin cuyo protagonismo y consideración (sin cuyo respeto, sí) ese modo social de ser se verá siempre viciado, cuando no falseado? Pues que ese individuo, a quien solo en teoría se le concede la libertad de pronunciarse periódicamente, a quien se le tolera el uso de una serie de derechos fundamentales, muy poco tiene que ver, en esta hora de la historia, con lo que en realidad debería ser. Y ello a causa de otro tributo que la sociedad ha debido pagar –también en nombre de la democracia, por cierto: asumir el papel de masa consumidora, incluso consumidora de derechos, a la cual importan número y cantidad por sobre toda otra cosa, sin más consideraciones: hasta la igualdad se maneja entonces como un apriori; no es consecuencia de haberse formado una conciencia crítica, más o menos despierta, en los individuos que forman el grupo social.

Ni individuo, pues, ni sujetos; tan solo, miembros de una masa anónima de gregario proceder, que si ya era evidente en el diagnóstico de Ortega y Gasset, los extremos en que ha dado la sociedad de consumo –impensables hace ochenta años– desbordan cualquier profecía que pudiera haberse hecho tras reflexionar sobre aquella *rebelión*. Que el hombre hoy, en los inicios de este nuevo siglo bendecido por la civilización en tanto progreso nunca antes alcanzado, no es sujeto político porque carece de la autonomía necesaria para actuar como tal, me parece una verdad incontestable. Creo que nunca como ahora este sujeto ha sido súbdito. Porque lo es, además, de modo complaciente. Se dispara el bienestar económico y, al amparo de ese paraguas protector, a nadie parece preocuparle la muy peligrosa contrapartida que lleva aparejada: desciende, dos veces más, el bienestar cultural; y nada digamos de los valores éticos y estéticos, sin los cuales qué queda a un individuo que quiera serlo y ejercer su condición de tal en libertad. Día tras día, asistimos a un debate artificial en torno a las nuevas formas de agresión que la sociedad actual debe soportar; se asegura con énfasis –muchos hasta se rasgan las vestiduras– que ni las descabelladas utopías ni los siniestros fundamentalismos, motores de aquella violencia, pueden arraigar en una sociedad democrática y avanzada como la que, según se nos pregona, habitamos y disfrutamos.

Sin embargo, está por ver (y se debería) si aquella forzada dimisión del sujeto político, en favor del grupo consumidor, no supone el mejor caldo de cultivo para la promesa de tales paraísos, u otros similares; prédica que se hace también desde el mismo poder que advierte de tales peligros, con muy poca sutileza, por otra parte, y con maneras y técnicas propias del mercantilismo y de los medios. En modo alguno dignas de un verdadero diálogo o debate democrático, porque no se produce –aunque así se diga– en pie de igualdad. En la estela del estado de bienestar, asistimos hoy (y parece que nadie manifiesta la debida perplejidad) a la configuración de un estado-bene-ficencia, al cual se le pide distribuya, a manos llenas, ri-queza, producción, trabajo, también cultura (además, cla-ro, de su originario compromiso con la salud y la educa-ción), y la sociedad se apresta a consumirlo todo vorazmente, sin importarle si hace dejación o no de su propia responsabilidad: presupone que, al cederla a sus representantes democráticamente elegidos, estos cumplirán con su deber, como si no fuera deber de todos y cada uno. Se ha llegado, incluso, a la más perversa inversión; la sociedad, atenta al escaparate de los medios, donde se exhiben a diario los políticos en ejercicio; estos, preocupados por muy poco más que su supervivencia en un poder que tampoco tienen del todo, por más que así lo crean, responden poco y mal a las verdaderas demandas sociales diluidas, como hemos visto, en un estado de *idioti-zación* como el que en estos tiempos padece nuestra sociedad: digo, simpleza de espíritu, como manda la etimología; despreocupación ante asuntos de política y, sobre todo, abandono a una conciencia ética más bien laxa, que no plantee demasiados problemas.

Acudo a Novalis, para que no se diga que el caso es de ahora mismo, de esta coyuntura histórica a la cual asistimos —yo, al menos— con una perplejidad cada vez mayor; para que no se diga que, en aquel comienzo de la modernidad, todo era diferente, como si no fuera con nosotros. Y va, sin la menor duda. Escribe el alemán, en uno de sus *fragmentos*: "Ahí radica el error de una mayoría doctrinaria [hacer con sustancias muertas un cuerpo vivo], y pasará mucho tiempo antes de que se convenzan de esta simple verdad". Simple verdad, dice; y es —nada menos— el nudo gordiano de cuanto aquí nos ocupa: la sociedad, una relación verdaderamente *política* de los individuos, solo cumple su existencia en tanto organismo vivo, en tanto cuerpo dado a la agitación permanente y a la complejidad natural de la existencia, a su cambios y alternativas; y no podrá limitarse a un orden teórico que niegue como tal dicho organismo, aunque ese orden responda a una doctrina establecida como modelo perfecto al cual acomodarlo. Añade Novalis: "Una mayoría compuesta de este modo no solo no elegirá a los más sobresalientes sino que buscará a los de más estrechas miras y a los más mundanos (...) [aquellos] en lo que la mediocridad ha llegado a ser naturaleza perfecta, el clásico modelo de la masa (...) [aquellos] más hábiles en hacerle la corte a la masa". ¿Qué podemos añadir? Apenas leamos con un mínimo de atención, no sabremos si aquello lo dice Novalis a comienzos del XIX o es una reflexión movida por la circunstancia concreta de hoy: una democracia obturada, aún doscientos años después; y con idéntica coartada, con el mismo flagrante disimulo. Mucho tiempo ha pasado, sí; y seguimos sin darnos cuentas, o haciendo como que no nos damos, piezas ya de este "gran mecanismo [construido, de esta] rutina, que solo la intriga interrumpirá a veces". ¿Se puede ser más clarividente?

Caprichos de la historia, que nunca responde a ese orden progresivo que le adjudicamos: se puso en solfa la sociedad burguesa del ochocientos, tanto por su condición social como por el sentido político que la caracterizaba —empiezo a dudar si absolutamente conservador. ¿Se ha recuperado otra cosa que no sea el proyecto burgués de crear riqueza como bien único para la humanidad; otra cosa diferente a su religión del progreso? Las formas de globalización, la igualdad para acceder al bienestar material como panacea, no son hoy menos *burguesas* que entonces, por mucho que hayan pasado sobre la sociedad y sobre la historia *doctrinas* que predicaron lo contrario: el mismo nervio y demencia del Progreso agita nuestro mundo desde la Revolución Industrial hasta hoy mismo (Rafael Sánchez Ferlosio). Se me dirá: pero hoy, cada vez que se pulsa la opinión pública, los conflictos que más parecen sensibilizarla son, precisamente, aquellos que afectan a la sociedad en tanto comunidad *política*. Habrá que matizar, me parece. Se trata, ante todo, de aquellos conflictos que lesionan determinados intereses inmediatos; o de aquellos otros referidos, tan solo, a la superficie anecdótica de ciertos sucesos.

Todo, eso sí, muy bien orquestado por la permanente presencia y fuerte influencia que los medios de comunicación ejercen sobre los opinantes, a quienes –por otra parte– tampoco podemos considerar pertrechados de un sólido criterio, fruto de una reflexión responsable. Al menos, de manera general, como se nos hace creer. La sociedad, conversa al gregarismo, resulta fácilmente manipulable; y su escasa consistencia intelectual y moral, derivada de esa presión de la opinión, acentúa su papel subsidiario. Su extremada fragilidad debilita también la democracia en tanto concurrencia verdadera, de libertad y de pensamiento, en una diversidad enriquecedora. Emir Kusturika habla de "un nuevo sistema de esclavitud (...) [pues los poderes] no quieren ciudadanos que hagan preguntas, quieren ciudadanos que compren"; individuos que no se sitúen ante las cuestiones eternas y, todo lo más, pregunten sobre la actualidad y su anecdótico suceder. Señalé la presencia e influencia de los *medios* en todo este asunto; baste ver que se muestran (y ofrecen) como espacios donde todo puede ser dicho, donde se puede hablar de todo... Atrevámonos a pasar al otro lado del mostrador: las cosas son muy diferentes allí, y en nombre de su compromiso con la actualidad, solo dejarán que se hable de cuanto ella impone; y ha de hacerse del modo más *conveniente*, a fin de no lesionar –en ningún momento–

los intereses que se hallan en juego y los mismos medios defienden.

Viene a colación algo que –no hace tanto– declarara José Saramago, precisamente referido a la crisis en que ha entrado –y en la cual parece haberse instalado– la democracia. Habla el escritor portugués de una fachada tras la que solo hallamos una realidad de polilla, polvo y excrementos... Mas no porque debamos entenderla como forma política caducada; bien al contrario, porque en tal situación parecen interesados en mantenerla y perpetuarla quienes han aprendido –y con mucha diligencia, por cierto– a manipularla en su particular beneficio. Así dice Saramago: los poderes políticos y económicos "pretenden mantener la *decorativa fachada* del edificio democrático e impiden con sus *discursos machacones* y con otros métodos que verifiquemos que detrás de la fachada existe algo todavía". Subrayo, porque son esos los referentes que de verdad importa considerar aquí: una engañosa apariencia que encela con fervor ¿a quién sino al colectivo anónimo de los que se creen en uso de la libertad únicamente porque tienen acceso –aunque solo sea económico, numérico– a cualquier cosa? Y junto a eso, un lenguaje confundidor por ensordecedor, que niega todo espacio de silencio imprescindible para pensar y entender lo que se dice; el caso es que una permanente cháchara, con formas de expresión reiterativas y vacías de contenido, impide toda forma de conocimiento y reconocimiento: también lo que se debe pensar se nos da ya hecho. Rutina, falta de creatividad son también llagas sobre las cuales nuestro autor pone su dedo; y concluye que así conviene al poder y que "si junto a la democracia política, y en su mismo plano, se situara la democracia económica y cultural, otras serían nuestras sociedades, otro nuestro mundo".

Por supuesto, la razón lo asiste. Sin embargo, volvamos sus propuestas por pasiva: me atrevería a señalar que resultan en exceso simplificadoras (y es interesante notar cómo los medios recogen sus palabras, y cuáles de esas palabras subrayan); que mucho habría que discutir acerca de la posible solución (no es banal que el escritor diga *salvación*) en la cual hace hincapié: "quizá ya sea tarde para millones de personas, pero quizá todavía puedan salvarse de la ignominia, del hambre y de la incultura quienes están detrás de nosotros, que no se salvarán si no abrimos siquiera las puertas del debate". Una prudencia muy significativa: a discursos criticados, discurso establecido; porque Saramago aprovecha muy bien la coyuntura de su recepción universitaria y el tipo de público que constituye esa audiencia, nada menos que en la capital de El Salvador, para poner una nota de emoción al apelar al sacrificio necesario —una forma inconsciente, gregaria y, en cierto modo, muy *conveniente* como futurible de cierto prestigio histórico pero de dudosa fiabilidad, si atendemos a lo que explica Sánchez Ferlosio. Y el escritor portugués lo hace, además, desde una posición de superioridad, libre de toda responsabilidad, y con una formas de lenguaje que acaban por ser tan convencionales como las que censura, puesto que desde el uso de su poder intelectual habla; formas esas que son las esperadas (y las tan repetidas), en un caso tal, de un visitante distinguido y reconocido con los honores académicos que en ese mismo acto se le tributan.

Pensar hoy, por ejemplo, en el modelo griego de democracia parece un dislate. Pero no lo es tanto —creo yo— por la distancia histórica que de él nos separa, o porque nuestro grado de civilización presente otras necesidades y exigencias, otras formas de relación social. Pienso que el asombro de Sócrates ante las solicitaciones de la vida de su tiempo ("Hay que ver la cantidad de cosas que no necesito"), es una simple cuestión de proporciones... Si aquella fundación democrática –concurrencia de los distintos estamentos sociales, en un pacto para derrocar a los tiranos– no tiene vigencia ahora, ello se debe a que han quedado sin efecto sus verdaderos fundamentos: ni la fe en el hombre, ni el convencimiento de su libertad, ni la confianza en la verdad de la palabra, tienen demasiado que ver con los valores que manejamos y, sin embargo, son cuestiones de debate permanente desde los mismos presocráticos y el vínculo *religioso* que para ellos tenía el pensamiento. Cuestiones de debate; ergo, asunto de ideas. No –como ahora sucede, falsamente convencidos como estamos de nuestra modernidad en tanto superadora de dicho proceder– eslóganes de fácil asimilación o recetas que dicen lo mismo y pueden aplicarse a cualquier situación.

Imposible, en consecuencia, aquel sentido de la democracia. Qué poco significan hoy –por mucho que se diga y se defiendan con vehemencia– los términos diálogo y debate. Apenas se limitan al discurrir de ciertos sucesos, de determinadas situaciones que en sí mismas se consumen. Y me refiero al diálogo y debate político e intelectual. Imposible, además, porque toda verdadera libertad exige organización y sistema, si no quiere perderse en gestos más o menos llamativos, esa vana charlatanería que nos rodea. En nuestro tiempo, organización y sistema se confunden, perniciosamente (y de ahí que no debamos perder de vista el período de entreguerras, como decía), con orden y poder. De una parte, pesa un cierto complejo de culpa histórico; de otra, parece muy conveniente que así sea, para que una libertad que graciosamente se nos brinda como patrimonio de uso se tenga por toda la libertad del mundo, y muy poco se nos da que sea siempre una "libertad perdida, sin dirección" (Francisco Rodríguez Adrados).

Algo que vivimos, con cierta inconsciencia, porque no se nos ha enseñado que la verdadera libertad impone pararse y pensar en ella, con una conciencia vigilante. Libertad se identifica, únicamente, con dar rienda suelta a la real gana; ni tan siquiera se vive como deseo o pasión, en el verdadero sentido existencial de ambos términos, más bien como un simple sucedáneo vacío y, por lo mismo, desilusionante: otros piensan y sienten por nosotros, y nos señalan pautadamente lo que debemos pensar, sentir y hasta desear para considerarnos gentes de nuestro tiempo, para que creamos que decidimos. Y no. Más capricho momentáneo que creencia razonada; más intereses de fácil satisfacción que preguntas sobre la existencia y el brete en que esta siempre nos coloca a la hora de dar cuenta del compromiso que nos exige. Complejo de culpa histórico, porque con el humanismo y en la Ilustración y en el tiempo de las revoluciones, qué democracia se recupera. Tampoco, ciertamente, el principio griego. Todo un sistema sujeto a leyes y que acaba por establecer un entramado burocrático, al cual debe someterse el individuo en tanto número, sin categoría de persona. A esa estructura tiene la obligación de acomodarse; y por ello, ese modelo de organización política, que es "único, universal, mejor o peor, pero fluido, abierto, variable" (Rodríguez Adrados), acaba por convertirse en una estructura petrificada, tal y como hoy la conocemos, por mucho que se le haya lavado la cara. Así conviene al poder.

Ya dije, más arriba, que asistimos a una época de derribo disimulado de la verdadera democracia, envuelto —como la historia ha tenido a bien hacer, en tantas ocasiones– en discursos cuya retórica puede más que el valor cierto de la palabra en ellos contenida. No parece que pueda apelarse, siquiera, al sustento moral que pedía Kant; las leyes, en vez de emanar de la voluntad de los individuos, se imponen como disciplina previa a la que aquellos deben acogerse agradecidos: el número es la fuerza, y no hay lugar para los pocos que son los débiles, esos que se paran a pensar, que –instintiva o conscientemente– cortan la imparable prospectiva del progreso, a base de preguntas que delatan su incertidumbre, o con un discurso crítico que la ponga en entredicho. La verdad democrática se sacrifica, una y otra vez, a determinadas estrategias políticas que resultan mucho más convenientes, y que básicamente suponen –como explicara también Sánchez Ferlosio– una desintegración de las diferencias y una "reintegración de toda sociedad humana en el homogéneo, único y centrípeto turbión de circulación económica que exigirá el Progreso". Lo mismo en el salto de la sociedad industrial a la tecnológica que en el tránsito –más decisivo si cabe– por medio del cual la cultura de la creación se verá inundada por ese río crecido y creciente de la cultura de consumo.

Un cambio que se asume con toda naturalidad; y que, además, curiosamente, no parece haber despertado inquietud ni desasosiego algunos en la sociedad de nuestro tiempo; ni tan siquiera ha generado una leve conmoción como la producida en torno a los asuntos de la conservación del medio ambiente. Así, la globalización ha podido campar por sus respetos (y hasta se celebra como razón mayor del progreso) en esta "nueva totalidad económica unitaria" que ella misma ha impuesto, sin tomar en consideración las diferencias y las diversas direcciones hacia las cuales esas diferencias apuntan. Estamos aún por saber cómo habrá que conciliar tales diferencias en la España de hoy, en una verdadera concurrencia que supla esa solución, apresurada y de compromiso, que fue el Estado de las autonomías, sin caer en esa utopía reaccionaria y estrecha de los nacionalismos. Estamos aún por entender, igualmente, qué ha sucedido con los países del Este europeo —ahora desaforadamente capitalistas y consumistas— tras el desplome del Muro, en el 89. Que entonces se dijo, también, que por fin se había resuelto aquel arduo problema de unas sociedades privadas de libertad; y en eso estábamos cuando —de buenas a primeras, sin orden ni concierto— sus gentes se derraman por todo este Occidente perplejo, y se vienen a sumar a muchos otros que asoman por la frontera sur, o desde zonas tan lejanas que ni sospechábamos, hasta acabar llamando todos a nuestra misma puerta. Imparable mestizaje del mundo que reduce a menudo asunto de comunidad de vecinos las cosas que aquí parecen preocuparnos.

Ambos errores de cálculo derivan de no haber contado, por una parte, con la azorosa complejidad de la historia; y por otra, de no saber qué hacer ante el asunto de las identidades. Que es, sin ninguna duda, el derecho a expresar una visión propia del mundo; pero, al propio tiempo, la voluntad de conciliar dicha visión con las de otros, y entrar en danza con ellas. En otras palabras: conseguir una armonización que se manifieste como baile: cuerpos que van y vienen, en sentido contrario y complementario el uno del otro; porque ese movimiento contrario es imprescindible para que la danza se cumpla como es debido. Cuerpos —aquí, ideas, formas diversas de entender el mundo— que se mueven suavemente, que se mecen entrelazados. No olvidemos, sin embargo, la etimología de baile: contiene la acepción de echar a suertes; una buena metáfora del combate incruento, del acto mismo del amor. ¿Tiene esto algo que ver con el insaciable andar en una sola dirección de los cerrados y cerriles nacionalismos? Porque en la danza existe un componente individual que no se pierde, del que cada cual debe hacer uso para que el baile resulte concorde y eficaz. Significativo que –en nuestro tiempo– el baile por parejas haya cedido su lugar a una forma de baile donde no es imprescindible entenderse; basta con agruparse indiscriminadamente y en multitud, y seguir un ritmo repetitivo que –ojo al dato– se origina fuera y, casi siempre, desde arriba.

Emir Kusturika, al reflexionar sobre la tragedia de los Balcanes, viene a decir –con palabras de Ivo Andric quien, por cierto, mantuvo estrechos vínculos con España– que aquella gente "vivió junta, pero sus amores están [muy] lejos de allí, y el odio tan próximo... No nos dimos cuenta –añade– de que los serbios miran hacia Moscú, los musulmanes a la Meca y los croatas al Vaticano". Cosa, pues, de religiones: ello es, de un principio existencial que es también origen de su visión del mundo, de la memoria en que cada grupo humano se reconoce. Una torpeza, por consiguiente, hablar del sentido religioso desde una perspectiva doctrinal, y proscribirlo por ello; tanto si se hace a favor, como si se hace en contra, una forma inaceptable de fundamentalismo. Mientras no tengamos el atrevimiento de pensar la religión (verla como sustento imprescindible de la memoria y de la cultura, en donde los individuos se reconozcan), la religión –como bien ha explicado Eugenio Trías– acabará pensándonos a nosotros; ello es, imponiéndosenos con ceguera trágica, como atestiguan estos y otros ejemplos muy cercanos, demasiado cercanos, que mejor será no volver sobre ellos y su locura. ¿Puede extrañar, como declara Jean Daniel, que allí donde las ideologías han funcionado como religión las religiones acaben funcionando como ideologías?

Estrategias políticas de conveniencia, repito, las que genera un poder ciego y sordo a las diferencias imprescindibles para que la democracia mantenga el tono de su verdadero sentido. Pues bien, una de esas estrategias, en perfecta consonancia con el discurso único dominante, es la de reclamar responsabilidad al intelectual en este momento de crisis; la de subrayar la carencia de crítica que será imprescindible en la frontera histórica que habitamos. Ahora bien, con ser cierta dicha necesidad, no deberemos perder de vista —dije que nos rodeaba un discurso cínico— que tal requerida responsabilidad se orienta —astutamente— en el mismo sentido en que se promulgara, poco más de medio siglo atrás, el compromiso del intelectual y del artista: defensa unilateral y sin fisuras de un pensamiento y una acción política solo de izquierdas, donde ya se perfiló esa servidumbre eclesial de las ideologías. Una vuelta, hoy, a aquel *compromiso* no tiene sentido; es más, nada significaría para este debate crítico que se precisa con urgencia. Y todavía más, los hijos de aquel —sospechosamente— son quienes hoy ostentan el poder; y no solo han asumido aquella disciplina doctrinaria sino el modo burocrático (oficioso y legalista) que la caracterizó, a costa precisamente de bloquear toda reflexión intelectual, todo pensamiento libre y verdaderamente crítico.

Yo me preocuparía de prestar atención, por ejemplo, a la palabra crítica de Günter Grass, tanto en su discurso específicamente político como en su apuesta literaria. Lo digo, sobre todo, porque alza su voz en una encrucijada que, aun siendo alemana *strictu sensu*, aborda desde ese centro el conflicto de la responsabilidad del individuo y del compromiso de quien opta por una tarea en donde el lenguaje es instrumento primordial. Pero podríamos ir, incluso, un poco más atrás, hasta el mismísimo Albert Camus que lo dejó dicho con tan meridiana lucidez, y hubo de padecer por ello. No sería tiempo perdido releer su polémica con Sartre; y mucho menos, volver a una obra aún decisiva como es *El hombre rebelde*. Claro que el fervor, ahora, es otro, y todo eso parece significar casi nada, mientras no sean efemérides que recordar, otra de las maneras habituales, en esta sociedad cínica de la información, de hacer como que se toman muy en cuenta cosas fundamentales, y solo se las diluye en medio de las fanfarrias de actualidad. Sin embargo, no entiendo otro compromiso —para quienes nos hemos entregado al oficio de la palabra— que pararnos siempre a oír, y a pensar en, cuanto desde las estrategias de poder se nos propone, en vez de darlo por bueno o tomarlo con resignación por ser un hecho irrefutable. Una trampa —muy bien aderezada, eso sí— convocar al intelectual para que se sume a una disciplinada protesta, con eslóganes tan envejecidos como vacíos; a quien piensa o escribe, sea cual sea su tiempo y la coyuntura política que deba afrontar, le cumple —por encima de toda otra cosa— decir la verdad al poder, que no quiere oírla casi nunca; y hacerlo hasta el final, y con todas sus consecuencias.

Tradicionalmente se dice, pero es coartada, que con la madurez obra y pensamiento entran en un estadio en donde predomina un espíritu de serenidad y de conformidad; donde, por lo mismo, se atenúa la radicalidad crítica. A mi modo de ver, es entonces cuando mayor responsabilidad debe exigírseles a quienes, por haber alcanzado ciertas posiciones de privilegio y notable influencia pública, por cuanto son individuos que han abierto brecha en esos discursos tras los cuales el poder creía sentirse seguro; de ellos se esperaría que, dada la significación intelectual y *política* que ostentan, sean menos transigentes, se impliquen sin reservas, sin tener que guardarse la espalda por nada, en el tan necesario saneamiento del uso democrático de nuestra hora. Les cumple, ante todo, iluminar el camino de las decisiones *políticas* (no hablo de la acción coyuntural y administrativa que por tal se tiene; me refiero a decisones que afectan a la memoria y la cultura de esa sociedad); si bien lo que ahora parece preocuparles es —antes que otra cosa— participar en el poder. Pero cómo van a ser ya selecta minoría y mayorías oprimidas los extremos del debate: el "crudo utilitarismo [dominante se ha] combinado con la confianza poco crítica en las supuestas virtudes curativas del crecimiento inconsciente" (Sánchez Ferlosio), y ello so capa de un pensamiento más progresista y democrático.

La sociedad se ha igualado de tal manera, su uniformidad cultural es tan agresiva, que el verdadero conflicto es el gregarismo tan pernicioso en el cual ha venido a dar. Si alguna bipolaridad podría determinar las tensiones sociales y *políticas* de este tiempo, ella sería la que se establece entre la aceptación de esa connivencia con el poder y la verdadera responsabilidad de quienes se hallan en el uso de la palabra frente al poder, desde una abierta *incorrección* política, para decirle la verdad. Por muchas voces que se oigan reclamando compromiso por parte del intelectual ante los desafíos del tiempo —el de la crisis de la democracia también— de nada valdrá la mimética repetición de las actitudes públicas de los tiempos parisinos de Zola ante el caso Dreyfus (que se siguen reivindicando, por cierto); ni tampoco aquella disciplina eclesial de los intelectuales de entreguerras, que hiciera exclamar, con no disimulada ironía, al mismísimo Bertolt Brecht: "Hemos salvado la cultura. En apenas cuatro días, hemos decidido que es mejor sacrificarlo todo con tal de que la cultura no sea derruida. Si fuera necesario, aceptaríamos el sacrificio de diez o veinte millones de personas con tal fin". Hoy, como en aquel 1935 del Congreso parisino al cual alude Brecht, se repite un estado de tensión similar; otros son, por cierto, los frentes de acción, pero bastaría sustituir fundamentalismo o poder global por totalitarismos, y ni diferencias notaríamos. No desechemos tampoco la violencia extrema e indiscriminada; también es la misma, y aceptada —esto es lo malo— con la mayor naturalidad. Exactamente como entonces.

Si se pide compromiso o responsabilidad, si se clama por un pensamiento crítico, debemos tener presente que la suya es siempre una fuerza subversiva, una energía resistente a los halagos y recompensas del poder; y que dicha responsabilidad, además, exige un complejo esfuerzo lo mismo en el pensar que en la expresión (en la expresión sobre todo) de dicho pensamiento, puesto que —como explica John Gray, en diálogo con Isaiah Berlin— los valores humanos de hoy son objetivos, pero irrenunciablemente diversos, se mantienen en permanente conflicto y resulta casi imposible conciliarlos, como difícil es reducirlos a una medida racional: tanta desmesura muestran cuando se enfrentan los unos a los otros. Pero dicho exceso, tamaña complejidad, resulta aun más flagrante —y peligrosa, sin duda— si nos aproximamos a los usos de lenguaje; sobre todo cuando nos tropezamos, cotidianamente, con esa charlatanería vana que se impone al silencio necesario para pensar. Digo cuando se *usan* las palabras (y de ellas se abusa, sin rubor) en vez de pararse a deslindar los estrechos significados de los múltiples sentidos que de ellas puedan derivarse, y que habrán de permitirnos ir un poco más allá del utilitarismo unidimensional que las ha dejado con tan escaso margen de maniobra, y ha impedido, por tanto, que resplandezca a través de ellas el pensamiento de verdad crítico que cada día se hace más necesario.

Dije sentidos, porque son estos los que introducirán, en el uso habitual del significado, la diversidad que molesta, la verdadera mirada crítica frente a los intereses de poder a los que siempre se espera que el *correcto* ciudadano responda con su bien contrastada disciplina, sin poner en tela de juicio lo que tales palabras han venido a significar; en particular algunas —como *democracia*, sin duda— convenientemente sacralizadas. La pregunta, entonces, habrá de ser acerca, no ya de lo que significa una palabra, esa palabra, sino en torno a los valores y sentidos de la misma, en función de lo que con ellas han hecho quienes se han arrogado la condición de únicos usufructuarios de las mismas. El compromiso, pues, asunto de lenguaje; y de entre los lenguajes, hoy, de la *poesía*. Me refiero, no al género literario así llamado, sino a un lenguaje capaz de desatascar la horizontalidad rutinaria que posee al que nos rodea en esta época de la comunicación de masas, con la pulcra y respetuosa repetición de su orden gramatical. Poesía, digo, en tanto atrevimiento para ver (y decir) más, en lugar de repetir, sin riesgo alguno, determinados referentes de realidad.

Es de ver cómo el poder se ha lanzado a la conquista también de ese lenguaje, el único que tradicionalmente dejaba de lado al entenderlo minoritario, cerrado, inútil. Poco a poco, sin embargo, lo ha ido ocupando: que su manifestación literaria no aporte sorpresa; que sea llano y comprensible... Entonces, recibirá recompensa. Sin embargo, qué otro modo habrá de *sanar a la gente* sino poner en solfa las estructuras en apariencia sólidas del lenguaje, transgredir sus límites, para que la crítica actúe desde dentro mismo de él, en su propio territorio. Una forma de expresión que se origine en constantes interrogaciones, que desarrolle la fuerza corrosiva de la ironía y el humor, que no es la agudeza de ingenio a la que estamos acostumbrados: esta no mueve los lenguajes, y mientras no cambien los discursos nada habrá cambiado. Poesía, sí; pero no *de autor* (esa escritura impostada, en los remontes de una vehemencia asertiva). Se trata de no abandonar –como decía Emir Kusturica– "esa especie de patio infantil del que yo aún disfruto". Cuando defiendo esta idea entre los cercanos, gentes también de la escritura, confiesan no entender qué propongo; menos comprenden cuanto más pesa sobre ellos la presión burocrática y oficial y ven así –solo con tales anteojeras– la poesía; o cuanto más corren tras la *gloriola* que otros se llevan, y resulta patético, cuando no ridículo, verlos correr para... gozar de semejante embalsamamiento.

Podríamos descender, incluso, a cuestiones de procedimiento. El compromiso, aquí, con los lenguajes. Y ponerlos en solfa quiere decir hacerse cuestión de la prosa y la prosodia como instrumentos dados; porque, cómo afrontar esos conflictos que requieren una palabra y una actitud críticas de verdad, sin romper aquella linealidad, sin que los cambios de ritmo y el contrapunto se alcen contra una sintaxis tranquilizadora, sin que las inflexiones de la voz se sitúen siempre por encima de la escritura aprendida, irrumpan en ella y solivianten el estatus de su significado porque buscan nuevos sentidos con que discutirlo; haciendo, además, que la perspectiva del discurso, en vez de orientarse hacia un final en donde todo quede resuelto, se deje llevar por la complejidad abierta de ese nuevo proceder con el lenguaje. No pienso en un experimentalismo banal, aquel que cruzara, como sarampión, las décadas que siguieron a la férrea disciplina de las ideologías; mi intención es señalar las salidas de una escritura que no debe limitarse a reproducir objetos ni a dar cuenta de una serie determinada de hechos; que tampoco puede permitir que se degraden las palabras, confinándolas a sus meros significados, o a un orden sin sobresaltos que para nada afecta a la senántica del discurso. Me refiero, en fin, a una escritura que niega el lenguaje dominante de la información, para el cual no parece haber otro objetivo que el servicio a la *actualidad*, y en él se consume.

Porque el fenómeno al cual venimos asistiendo, en esta literatura que se dice de nuestro tiempo, es su cómoda connivencia con el lenguaje ese de los medios, funcional y utilitario por naturaleza y razón, tan repetitivo en sus recursos y tan bien pautado por sus libros de estilo, además de la retórica floreada con la cual se ayuda, y se dice impunemente estética. Connivencia que la ha vaciado de su necesario contenido existencial, y ha venido a limitarla a una superficialidad en la que se reiteran los mismos sucesos, las mismas formas de comportamiento, convertidas los unos y las otras en pura convención. Si de decir la verdad al poder se trata (y se trata) habrá que elegir método, estilo y texto —como señalara Edward Said. No basta con manejar los ya funcionalmente establecidos, estos no aportan ninguna nueva perspectiva sobre la realidad, se limitan a aceptarla como es y —sobre todo— como siempre ha sido, sin ahondar en busca de la verdad. Son evasivos y tímidos, aunque se presenten con muchas ínfulas; en ellos no hay aventura alguna, ni de conocimiento ni de expresión. Método, estilo y texto donde ningún juicio se arriesga, carentes como se hallan de toda energía creadora y ajenos por completo al verdadero conocimiento de la existencia, en tanto sociedad y en tanto memoria. Son los lenguajes del presunto saber académico y del poder mismo; con ellos, el uno y el otro se protegen y perpetúan.

Vengamos a dos ejemplos. Puede que muy distintos, y hasta distantes; pero, sin la menor duda, equidistantes. El caso es que el vértice en el cual confluyen es la conciencia cierta de que, sin la poesía, resulta imposible la necesaria subversión del lenguaje frente a los dictados del poder, de ese lenguaje que el poder establece e impone —o de modo sutil y subrepticio o de manera descarada y directa, hasta cínica, para decir que las cosas solo pueden ser así y decirse solo como son, sin ambigüedad ni desconfianza ante una realidad que se tiene por evidencia incontestable. En primer lugar, oigamos lo que nos dice, desde París, Bernard Noël. Traduzco: "Los medios representan el lenguaje del poder, en tanto ignoran todo aquello que consideran su contrario". Deja bien sentada esa posición de insensata superioridad, desdeñosa para todo lo que no coincida con su propuesta (el verbo que utiliza no es casual: ignorar, hacer como que no existe lo otro); y eso —aquí la gran paradoja que digo cinismo— llenándosele siempre la boca —digo a los medios— de poseer el lenguaje más tolerante, plural y hasta democrático. Todo ello, porque su característica y sus exigencias lo llevan a una reiteración sintáctica, a unos patrones expresivos dados, y a eslóganes o titulares como su manifestación más señalada; con un empeño, además, por ser fiel a la realidad, al suceso o acontecer de cada momento.

Fiel a la realidad. Pero ¿fiel, también, a la verdad? Sigamos leyendo a Bernard Noël: "La poesía, desde el punto y hora en que existe como tal, se enfrenta a los medios porque representa la calidad cuando a aquellos solo parece importarles la cantidad: son actualidad, toda la actualidad, y la poesía niega precisamente esa manera de entender el tiempo (...), en ella reside el verdadero foco de resistencia de la lengua viva frente a una lengua consumida, reducida, unívoca (...) su destino es ser fuente de futuro, puesto que se instaura como perpetuo comienzo". La poesía, pues, un alzamiento del lenguaje contra aquella interesada imposición de la realidad, no solo para evitar quedarse en el testimonio de determinados referentes (como se hace mucho, y es redundancia sin apenas efecto alguno), sino para hacer visible la complejidad de la verdad, que pone en entredicho la realidad, por lo general simple y unívoca, sumisa a su significado y nada más. Alzamiento, pues, en tanto no se deja encelar por la cantidad y su apariencia; en tanto ve muy bien el carácter perecedero de la actualidad, esa medida del tiempo que se disfraza de progreso y nos miente, parapetada como se halla en la simple evidencia cuantitativa de las cosas: un ocultamiento o veladura de la verdad, nunca una y, desde luego, siempre compleja. Porque se halla estrechamente vinculada a la existencia, a la experiencia existencial del individuo. Lógico, por lo tanto, que en la poesía tengamos el verdadero foco de resistencia, una pertinaz rebeldía ante la disciplina de la expresión; que hallemos en ella, en constante ebullición, la viveza de la voz y del habla, que busca siempre los tres pies al gato de la lengua, tan celosa ella de sus leyes y de su gramática, lo que sirve al poder para imponerla e imponerse, con todo disimulo.

Una forma, en fin, la poesía, de dejar en evidencia la libertad del sentido desde donde surge —una epifanía— esa multiplicidad que rompe los límites de la lengua y altera, de forma sorpredente, su presuntuosa uniformidad. Liberación, además, de sus relaciones con el tiempo y su convenida sucesión impuesta por la historia. No es progreso aquella actualidad a la que sirven los medios; progreso es la poesía, pues se ofrece como repetido comienzo: su ser, fuente de futuro, prolongación hacia una necesaria demasía en donde el individuo acaba por reconocerse. Se comprende entonces que la poesía habite en la verdad y mantenga con ella trato permanente, sin anular nada de su complejidad; todo lo contrario, exige que el lenguaje viva también, en tanto organismo que es, las mismas alternativas que el individuo en su experiencia existencial. Siempre la poesía (insisto: no hablo del género así llamado, pienso en la energía primordial de la palabra) dirá más de lo que dice; de ahí que no imponga un decir cerrado en sí mismo, que busca utilidad y comunicación inmediata, tal sucede con el lenguaje de la información que hoy se ha enseñoreado de todos los discursos (el de la poesía incluido), con la falsa coartada de ser el lenguaje de nuestro tiempo. Pero lo que este tiempo nuestro tiene por suyo —en todos los aspectos; afecten o no al lenguaje— es una voluntad de poder como nunca antes en la historia habíamos visto, dado que se manifiesta en cualquiera de las facetas de la vida, impregna toda actuación moral y alimenta —cómo no— la ambición creadora del artista y del escritor, para quienes la satisfacción a la vanidad del yo es componente primordial de su oficio, al límite siempre de un vicioso desbordamiento aniquilador de la verdad.

Resulta muy común, como se sabe, tener a la poesía por lo que no es: expresión elitista y de complacencia para ese yo que desarrolla formas expresivas de difícil acceso para no iniciados. Así se dice, desde aquella perspectiva utilitaria del lenguaje, reducido a la reproducción inmediata y redundante de la realidad; y se dice así, porque se considera la poesía como rehilamiento retórico de la expresión (esa máscara); pero aquí —ya dije— estamos tratando cosa bien distinta: la poesía como única forma de subvertir el vacío retórico de un lenguaje apegado a la realidad y que la dice para hinchar su superficie aparente, para ahuecar el tono y manifestarse con vanidosa torpeza, sin que en tal operación la verdad tenga la más mínima presencia y, menos, influencia. Es solo cantidad que la oculta más en vez de despojarla de tanto disimulo como la lengua disciplinada echa sobre ella para protegerse de ella. De ahí, el segundo ejemplo que he querido traer a nuestro diálogo. En un primer acercamiento, diríamos que en las antípodas del anterior; por su tradición lingüística y cultural, desde luego; pero no es tanta la lejanía si pensamos qué tiempo les toca vivir a ambos autores y la peripecia a partir de la cual proponen su escritura. Esto declara, en su momento, Nivaria Tejera, cubana, en la primera crisis de la revolución, con un pie en la isla y otro en el mundo: "La irrealidad con que convive el inadaptado no es sino una reacción ante el exceso de realidad (...). Al hombre se le impone demasiada realidad desde que viene al mundo". Si he entendido con propiedad los conceptos que nuestra escritora maneja, tal exceso de realidad viene a ser –mutatis mutandis– lo mismo que Bernard Noël ha denominado cantidad como preocupación única del lenguaje del poder, interesado sobre todo en el ocultamiento de la verdad tras la experiencia utilitaria de la realidad; realidad que es presencia de lo actual, de lo que solo tiene existencia efímera y jamás se plantea como posibilidad de futuro, por lo que evita cualquier intento de escritura en libertad y responde solo a la disciplina de los discursos establecidos.

Concluye Nivaria Tejera: para derrotar "la inmovilidad de la realidad (ese desastre)", solo la irrealidad o el sueño, fuerzas que se oponen a las leyes vitalicias "todas implacablemente restrictivas". Por eso, yo leo también *irrealidad* en tanto respiración personal y refutadora –desde la peripecia del inadaptado, del resistente– de aquella simplicidad de uso que caracteriza al lenguaje inmóvil y a la inmóvil realidad que nombra. Se trata de una forma de salir, de desprenderse de cuanto ahoga y aniquila al individuo, esa retórica con que el poder asegura protegerlo. Salida y ruptura que provoca, como reacción, el temor de quienes se protegen tras la disciplina de una realidad establecida, sabedores de la fuerza liberadora de la verdad. La poesía, para Nivaria Tejera, una salida de lo que Robert Walser denominó, con tanto acierto, el "reino absoluto de la certidumbre"; y en consecuencia, una afirmación del individuo frente al gregarismo impuesto con el cual el poder y sus lenguajes trata de manipularlo.

En la operación crítica que aquí proponemos, el lenguaje debe romper las rutinas de la lengua, generadas para evitar que el poder oiga lo que no desea oír; debe facilitar ese movimiento sísmico que producen el debate y la argumentación, espacios donde el individuo puede establecer su palabra en libertad, en una verdadera concurrencia democrática. Oportuna, en este sentido, la precisión que hace Jean Daniel acerca del diálogo: no se trata de una confrontación entre dos realidades para dirimir del lado de la cual se inclina la razón; "es un intercambio –dice textualmente– del que sale una nueva verdad que no es ninguna de las que entraron en confrontación". Así lo vio –el primero– Ramon Llull que, siendo hombre de fe, nunca excluyó la posibilidad de que "la verdad fuera una *construcción* compartida". El propio Edward Said vendría a corroborar cómo la crítica de izquierdas contribuyó más bien poco a un debate intelectual de tal naturaleza; y ello porque la responsabilidad del escritor consiste en iluminar caminos, en los momentos –como el nuestro, ahora– de confusión democrática; mientras que el *compromiso* al cual se había entregado suponía reforzar la plataforma de poder desde la cual se impusiera aquel único discurso para el que se pedía incondicional acatamiento. Apostar por aquella responsabilidad crítica supone entregarse a mayores complejidades, en el pensar y en el decir; no renunciar a nuevas contradicciones, en vez de ceder a los halagos y agasajos que el poder tributa, porque parte de la equivocada creencia de que así él mismo será beneficiario único de tales discursos. El intelectual y el artista deben eludir tales homenajes y, como consecuencia, resistirse sin desmayo a la formas redundantes de todo *decir general*.

Corolario: un asunto que tiene que ver con la existencia en tanto comunidad, en tanto relación de individuos, repercute –de modo decisivo– en los lenguajes, pues ya se me dirá si no son estos las formas de afirmación del ser, en sus convicciones y en sus contradicciones, en sus pertenencias y en sus carencias... Sea diálogo o conversación, sea debate de ideas o apuesta creativa, todo ese aparato con que nos manifestamos y manifestamos nuestra relación con los otros y con el mundo, se ve hoy marcado por un timorato proceder o por aquella insensata desmesura que ya Shakespeare censuró, a través –naturalmente– de la más crítica de sus criaturas, de aquella que entró en debate sin solución consigo misma: solo lee palabras Hamlet, y –solicitado por Polonio, acerca de su contenido– dice que calumnias; y qué otra cosa iban a ser. Si apenas sirven para reiterar evidencias... Cualquier manifestación individual, hoy atenazada por un férreo control que no es censura, en el sentido miserable e ignorante –tan esperpéntico– de otrora, que para tantas burlas dio, y para ser burlada; control mucho más sutil (como casi todo: muy civilizado, de diseño) sobre quienes creen o piensan o se comportan en función de su libre modo de ser y estar en el mundo, puesto que –de no ejercerlo– se abriría la posibilidad de un permanente cuestionamiento y renovación de las relaciones sociales que son *políticas*, y no perversas como parece haberse establecido.

Opinar, cuanto se quiera. Discutir o debatir, si se trata de hechos o cuestiones coyunturales, también. Así no habrá trabas para la más amplia manifestación mediática de ese pensamiento. Pero cuando ese diálogo implica un intercambio de ideas a partir de un verdadero sedimento cultural que nos haga derivar hacia la memoria, lo que supone entrar en lo más complejo y menos asertivo de nuestro conocimiento, entrar en ese territorio de más que resulta imprescindible para ser en plenitud, entonces ya no se hacen tantas concesiones, ni se observa con tanta complacencia lo que se dice. La clase política —oímos con frecuencia— es de una mediocridad cultural alarmante; y lo es porque esa mediocridad interesa al poder (que ya no se halla en los gobiernos, por cierto); mejor, vivir en la rutina que crear desasosiego con nuevas ideas, con un pensamiento crítico. Y si de creación literaria hablamos, ¿qué nuevo decir aporta en nuestros días esa escritura asertiva del común, tan segura de sí misma? Su ejercicio no va más allá de poner pie a la imagen de lo que hay, esa redundancia estéril; debe mostrarse muy meticulosa en la corrección política, para no quedar sin ese seguro que le proporciona la sombra del poder; entregada a la utilidad de las conveniencias en lugar de enfrentarse a ellas: mantiene así la mentira con que contribuye a aquel gregarismo consumidor, en vez de aventurarse en la búsqueda de la verdad, a base de sacudir el discurso en su palabra y en su orden sintáctico: falsifica, trasviste y desnaturaliza la circulación de los sentidos en nuestra sociedad, porque se aferra únicamente a los significados, como si dieran seguridad.

Cuando insisto tanto en esta cuestión —básica para nuestro actual entendimiento de la literatura— es porque se trata del último reducto —y también estamos entregándolo, inconscientes— para resistir a esas "grandes corporaciones" que son hoy todo el poder, y que manejan –a su utilitario e interesado antojo– todos los lenguajes. Una forma de dominio sobre la mente del grupo, al tenerla por una sola: en vez de individuos que piensen, que se hagan "las preguntas eternas", un colectivo disciplinado al cual le baste con hacerse las preguntas "relativas al hoy" (Emir Kusturica), como si antes nada hubiera y –de haberlo– nada significara. Un modo –no tan sutil, pero muy eficaz– de borrar la memoria. Concedido, que nos solacemos en la nostalgia bobalicona de los recuerdos, a los cuales se les concede una trascendencia y seriedad que no tienen (pura retórica sentimental); que se fomente la popularidad de las biografías o memorias, en las cuales se destaque una malsana curiosidad que se alonga hasta desnudas intimidades. Una y otra orientación son prueba irrefutable de lo que digo. En paralelo sentido, se explica el crecimiento imparable de los lenguajes mediáticos, con su reiteración utilitaria que acaba por vaciar de sentido cualquier realidad: en apariencia, al menos, dicen todo, hablan de todo; en realidad, solo tratan de lo conveniente y eso es lo que se impone. Aunque se manifiesta como atrevimiento, no deja de ser una manera más de disimulo. Habrá que andar con mucho cuidado, tener los ojos bien abiertos, los oídos dispuestos para no confundir el ruido con la palabra.

Porque mi pueblo está loco, me ha desconocido. Son hijos necios y no son inteligentes: sabios para el mal, ignorantes para el bien. Miré a la tierra, y he aquí que era vacío y confusión; y a los cielos, y no había luz.

Jeremías, 4, 23-27

¿QUÉ LOCURA VE EL PROFETA, QUÉ NECEDAD que no veamos nosotros ahora, sin mediación de augures; qué vacío y desconcierto diferentes a los que en este tiempo afrontamos, y nos tienen como en callejón sin salida? Digo a todos. Incluso, a quienes compete la responsabilidad primera en esta hora. Pues ellos son los titulares del mandato. El caso es que andamos desbordados, como nunca antes, por la historia: pudimos decir que el vértigo del progreso; ya no nos vale tal coartada: al presente, debemos reconocer que nos hallamos carentes de recursos, y el más escaso —como siempre— sigue siendo la imaginación. Apenas se habilitan soluciones coyunturales, se buscan respuestas para lo inmediato y, en la mayoría de las ocasiones, cuando ya ni falta hacen. Verdad sea dicha: no se sabe con certeza a quién (o a qué) acudir; y el anonimato del poder actúa como dificultad añadida... Mas no miremos a otra parte; no hagamos recaer sobre otros el compromiso. En esta encrucijada, somos responsables todos. La historia, qué otra cosa salvo existencia —lo dijo Cervantes, y lo demostró: su ficción, jamás por las ramas; más bien, bajó a la raíz, a esa complejidad del ser humano y sus contradicciones; se resistió a un decir general y conveniente, fuese de credo o nación. Yerran los sabelotodo que dicen dominar la situación porque conocen la historia; *gracioso* resulta (por ingenuo y por gratuito) su discurso: ni utópico es, aunque lo pretendan. No son inteligentes, dijo por algo Jeremías que vio también cegada la luz del cielo –y no habitaba, por cierto, en un tiempo sin dioses como el nuestro.

No soy de esos, desde luego. Y me inquieta tanta inconsciencia, como si todo discurriera en horizontal continuidad y no fuera preciso nunca mirar atrás. La impresión que tengo: el espacio de libertad se confunde –advierte Joseph Beuys– con un espacio libre donde todo se perpetúa sin alteraciones, donde todo transcurre y no es preciso intervenir, y menos interrumpir, porque tal vez sería peor el remedio. Algo como un silencio, cómplice por miedoso, sobrevuela en torno a los hechos y da a estos patente de intocables, de incuestionables: esto no hay quien lo mueva –podría ser la frase. Ni pensar ni actuar desde la posición responsable y comprometida de quienes deberían tener la palabra y la dan por perdida. Vengamos a algunos que sí la mantienen; con ellos, el diálogo. No cosa de preguntas y respuestas (ese sucedáneo mediático): se trata de poner junto a la suya mi palabra, pues somos coetáneos, hemos compartido tiempo y perplejidad en un momento en que Europa (el mundo, soi dissant) debatía consigo misma su existencia, trataba de recomponer sociedad e ideas, emprender un proyecto político que –a día de hoy– seguimos sin saber si lo es, o si es solo económico o si debe entenderse –o no– proyecto identitario y cultural además, sembrado como está de nacionalismos excluyentes, tan suyos siempre, tan decisivos –nunca para bien– en la configuración histórica de este espacio continental e islas adyacentes.

De ahí, la pregunta que centraría el debate, nuestro diálogo, habrá de ser: hay naciones, sí, ¿pero existen, acaso, fronteras, por mucho que nos empeñemos en señalarlas o en blindarlas? Porque todo apunta a que regresamos, sin remedio, a la intransigencia anterior, y cada cual a su sitio; a que nos estamos pasando al decir que perdemos seguridad con la libertad. Eso, al menos, se repite hoy con veladas maneras, como es de precepto, para no herir demasiadas susceptibilidades. Este diálogo, con quienes dije mis coetáneos, y no me corro: sus experiencias, las mías; si por experiencia entiendo –como señala Jacques Derrida– "un ethos de escritura y de pensamiento intransigente, incluso incorruptible". Desde luego, no a la misma altura de Derrida, ni de Barthes o Foucault, ni de Blanchot, a quienes el primero cita como sus pares. Otro, su espacio cronológico, y no digamos su formación intelectual; todos ellos, en un territorio cultural bien distante del mío. Sin embargo, mi propuesta, en la medida en que consigo hacerla, resiste –como las suyas– a la *opinión pública*, esa nada con pretensiones de absoluto; ni desea caer en las simplificaciones de los lenguajes mediáticos, ni ser siquiera condescendiente con el presunto público lector. Vuelvo a Derrida, porque lo explica atinadamente: propuesta que se sustenta en una aporía que no hay por qué despejar; en una expresión que, en consecuencia, no teme ni al refinamiento ni a la paradoja. Así dice. Pero, entre nosotros al menos, habrá que matizar: no leamos refinamiento como artificio retórico, ni tengamos la agudeza de ingenio por motor de la paradoja, como siempre en la literatura española. Extraña la mala fama, y peor crítica, que la *forma* ha tenido aquí: se mira con las orejeras del código o del canon, pero se advierte de los supuestos peligros de un exceso o rigor estético; se da preferencia al *contenido*, como si la expresión fuera accidente, pero se obliga al primero a la estrechez de aquellos estereotipos. Y adiós, ideas: ¿dónde la agitación de la libertad –para estas y para el lenguaje, que no para la lengua, tan conservada y conservadora ella?

Al encontrarlos, después de años, pienso en la agitación que compartimos, cada uno en su lugar. Fue en el sesentitantos, cuando todo pedía cambio. Siempre he creído que aquello se tuvo por espectáculo y que el gregarismo de consumo mediático acabó por engullirlo totalmente. Hablo, claro, de su aspecto más visible y vendible: todo cuanto no fue, aunque se dijera. Pienso, en consecuencia, que si me reconozco de los suyos es por lo que no anduvo en los escaparates, tan difícil de domar: el sentido crítico, la conjunción de miradas diversas y —de modo particular— una manera de entender y abordar el lenguaje. Desde luego, también con esto se intentó; no en el ámbito mediático, desde luego, pero en el mundo académico sí acabó por convertirse en pasto de eruditos, paraíso cerrado para pocos. A fin de cuentas, otro modo de anonadarlo; como lo fuera también cierto orgullo patriótico de marca exportable: siempre sus intelectuales bandera para Francia. Pudo parecerlo, pero ellos no se prestaron a tales estrategias —al menos, quienes ahora digo. ¿Qué, si no, la resistencia pública de Maurice Blanchot; qué Roland Barthes en el lado de la sospecha, buscando expresión adecuada a su sentimiento de exclusión, que no quedara en énfasis lírico? Reunidos, como digo, a la vuelta de tanto, me guardaré mucho de tomar la iniciativa; ellos tienen la palabra y la memoria. El uno, de pelo cano abundante, como algodón, tallado su rostro anguloso, mira desde abajo, inclina lo justo la cabeza y esboza una media sonrisa, casi rictus de ironía, un punto inquietante. Habla en primer lugar: el asunto —dice— es aprender a vivir como *sobrevivir* ("Quien por honestidad no hace sino pregonar que solo existe la muerte, la fortalece" —oigo al viejo Canetti, ese sabio contrariado, por algún rincón). Nuestro hombre cuida mucho los términos, va siempre hasta sus etimologías, rebusca en sus posibles sentidos: un afán de precisión, tan raro ya. Cuando dice *supervivencia*, por tanto, yo no percibo tono de resignación en su voz; ni creo que aluda a aquella perdurabilidad de la promesa, como si quisiera sentirse salvo. Muy otra la intención: se refiere a algo que nadie parece aceptar, y menos afrontar, en estos tiempos; que vivir no es sino experiencia, dura y dolorosa *experimentación* (y el discrimen semántico es fundamental), prueba o aventura, para ver qué y sin seguridad de nada, pues "aprender a vivir debería significar aprender a morir, a tomar en cuenta, para aceptarla, la mortalidad absoluta (sin salvación, ni resurrección, ni redención) ni para sí ni para el otro (...) filosofar es aprender a morir".

Que no. No nos hallamos ante una actitud pesimista. Fijémonos —insisto— en el sentido de las palabras; no nos abandonemos a sus significados. Cierto que —sobre todo, entre nosotros, los españoles— quien oiga muerte se enreda en el turbio modo de concebir sin pensar la religión, y no le queda otra salida que acudir —aquella falta de responsabilidad que decíamos— a la vida eterna prometida al creyente, que tan lejos se le fía al parecer, y todos tan tranquilos. Mejor, despreocupados: cosa del Padre, y ya proveerá. No se trata de un viejo asunto de mitología literaria; el compás de los tiempos no parece haber alterado, en lo más mínimo, dichas convicciones, quizá porque nunca fueron realmente tales. Pero Jacques Derrida —quien ahora nos habla— no se hace ese tipo de ilusiones, como si la mortalidad pudiera ser vencida ("Todavía no he aprendido nada a este respecto. El tiempo de aplazamiento de la pena se acorta de manera acelerada" —por él habla, también, el hombre enfermo); fijémonos en Walter Benjamin —sigue diciendo—: el alemán deslinda, con muy buen criterio, aquello que nos sobrevive (sean personas u obras) de lo que en realidad supone seguir vi-

viendo, y así se entenderá cómo "todos los conceptos que me ayudaron a trabajar, como el de la huella o lo espectral, estaban vinculados al 'sobrevivir' como dimensión estructural". Entramos así en el ámbito de lo *religioso*, en el más genuino sentido de este término; entramos en la vida como experiencia que nos vincula a la memoria y nos obliga a derrotar hacia sus hondos laberintos, complejo espacio donde recomponemos *huellas* y reconocemos *espectros* –las unas y los otros han ido conformando nuestra fragmentaria y dudosa identidad, por encima de las coyunturas históricas o del paréntesis limitado de la edad. Restos, figuras inquietadoras, en donde nos vemos doblados o multiplicados: habremos de indagar en esa única supervivencia verdadera, sin reducciones apaciguadoras; y no porque esperemos soluciones, porque así comprenderemos nuestra razón existencial siempre carente.

Contado así, parecería una acción egoísta, limitada a carencias individuales; pero la memoria no es nunca encierro, se explaya demorada hasta el principio común, y es *mundo*, centro en donde tiempo y experiencia del ser confluyen. Al mundo habrá que mirarlo siempre en este sentido mayor, abarcador; solemos quedar en la superficie de sus desigualdades (teniendo tanto, nunca tantos como ahora en tamaña indigencia, y no solo económica) o en esa paradójica igualdad uniformadora, que mejor no lo fuera (sea mayor o menor la riqueza, el poder arrasador de los medios obliga a todos a hacer lo mismo en todas partes: sobre culturas vigorosas, de fuerte arraigo en la memoria, ejemplares por tanto, se extiende una plétora gris de consumo, esa indignidad desnaturalizadora). Solo importa, sea el caso que sea, la cuenta de resultados. De ahí que Derrida hable entonces de las "urgencias altermundialistas (...) que hoy se ven con una mayor claridad", frente al cosmopolitismo ingenuo de antes y al nuevo Estado-nación mundial que qué es... ¿Acaba, acaso, su prepotencia paternalista, con tan terrible desigualdad; soluciona algo que las sociedades más deprimidas convivan con el "gran fantoche" de las marcas comerciales, en forma de lo que sea: alimentos, vestido, espectáculos? Imprescindible –añade Derrida– la recuperación de aquel sentido crítico capaz de declarar "una guerra sin cuartel contra la *doxa*, contra los hoy llamados 'intelectuales mediáticos', contra el discurso general que configura los poderes mediáticos, ellos mismos en manos de *lobbies* político-económicos, muchas veces editoriales y también académicos". Ahí, el problema mayor: quienes deberían ser voz disidente viven ya a la sombra del poder, son poder ellos mismos. ¿Tan difícil es el diagnóstico? Lo he dicho tanto... Y ese *contra* utilizado por Derrida habría que leerlo como advertencia a los presuntos implicados, para que no eludan su responsabilidad.

Cómo un debate sin ese movimiento colisivo entre concurrentes discrepantes. Lo aprendimos entonces, en aquella encrucijada en donde digo que vinimos a coincidir, ajenos –desde luego– a la que se tuvo por uniformidad tribal o *prodigio* de una década, a todo lo cual se sigue sacando beneficios, como si nos hubiésemos detenido allí. ¿Fue de esa manera? –quiere preguntarse Derrida. No deberíamos prestar mucha atención al modo en que se ha escrito esta historia, que es la nuestra: asunto de intereses, y no solo económicos, también políticos. Porque, como dice nuestro escritor, consideradas desde dentro, bien *estúpidas* parecen denominaciones tales como "pensamiento del 68" o generación del mayo francés... Y me viene entonces la imagen del dimitido Barthes, automarginado de todo aquello y señalado por el dedo de los más eufóricos conversos; luego, los mejor situados. Aquel vigor intelectual no fue el instantáneo encendimiento de una moda, como se dijo; ni su perdurabilidad puede reducirse a la rutinaria repetición de tanta gritería gesticulatoria. Si algo de todo aquello merece rescatarse hoy, cuando andamos tan necesitados de verdad, habrá de ser —y nos lo recuerda Derrida— la fidelidad con que entonces se abrazó la confrontación crítica de ideas, en muy poco o en nada semajante a este aburrido intercambio de opiniones entre "aquellos alrededor de los cuales se apretuja la prensa hoy día". Aquí, desde luego, los *expertos* en cualquier cosa (la actualidad tiene eso: cualquiera puede decir de ella lo que sea, incluso *un* cualquiera); pero también otros que, con todas las bendiciones públicas, fungen de propietarios del pensamiento y de la palabra. También estos han reducido *convenientemente* su campo de maniobras, y para ellos la memoria es apenas vaga sombra, nebulosa lejana.

Muy significativo, en consecuencia, que Derrida explique cómo aquel discurso imprescindible arraiga en un pensamiento que nada es sin memoria: desde la Biblia a Heidegger —son los extremos que cita. Y comprendo perfectamente que no se trata de *servir* a ese continuo, sino de interferir siempre en él, en esa memoria que somos. En vez de una propuesta con pretensión profesoral, para ganar discípulos o adeptos, indagar en los propios principios y fines de ese pensamiento que es existencia: lo primero, el modo *académico* de las repeticiones; lo segundo, un aventurado vivir que ni se extasía en cambios ni se deja convencer por modas y colores, como parece ser hoy la pauta que guía este tiempo de tecnocultura a cuyo dictado nos hallamos sometidos. ¿Queda otra salida que no sea aceptarlo y aclimatarse a él? La propone Derrida: rescatar aquel convencimiento perdido —que era riesgo moral— por el que una obra "podía o no sobrevivir, en función de sus cualidades, uno, dos, o incluso, como Platón, veinticinco siglos"; frenar, por otro lado y como acción complementaria, el deterioro o destrucción que "transforma la estructura y la temporalidad de la herencia". Un asunto que me importa de manera particular; no creo que nuestro autor lo haya traído a la conversación de modo lateral. Porque, a fin de cuentas y en contra del uso habitual, lo que Derrida pone sobre la mesa no es la mera (y vana) ostentación de inmortalidad, el orgullo de saberse aceptado y leído (esto de leído será, siempre, muy discutible) y —en consecuencia— elevado a la *santidad* de una fama inmediata. No parecen saber, quienes así actúan, que son quienes ocupan en exclusiva el espacio de actualidad, que en el pensamiento y en la creación "la supervivencia adopta formas absolutamente imprevisibles". Mejor, pues, que aquella satisfacción —legítima, desde luego— se compadezca con la evidencia de que —limitados a este criterio— "quince días o un mes después de mi muerte, ya no quedará nada".

Pero cómo eso, si se da por abolida la memoria; si nos retraemos ante su complejidad y profundidad, pues nos obligaría a mucho, exigiría preguntas muy comprometedoras: no está el horno de los tiempos, para tales descendimientos. En su lugar, recuerdos, ese regreso nostálgico, sentimental y fácil; con ellos no hay opción para un peligroso pensar en el ser del mundo. Este hombre, hoy, no quiere ser incomodado; no quiere profetas que lo despierten en medio de la noche; ni que venga el trágico a poner ante sí la "vulnerabilidad esencial del hombre, la posibilidad —terrible idea griega— de que los dioses lo aborrezcan" (George Steiner). Dígaseme si no es lo que hoy tal parece; y nos ofuscamos y perdemos el norte que es la memoria. Así, continúa Derrida: abandonar "lo que me formó (...) lo que tanto amé, es pedirme que muera";

se mantiene como instinto de conservación, mas no egoísta (eso, los recuerdos: con ellos repetimos lo sucedido y aún nos hacemos ilusiones, cuando ya el tiempo pasó definitivamente); un movimiento instintivo, sí, para no perder el flujo medular que nos ata a la razón de la existencia en tanto *mundo*, por donde nos incorporamos a ese organismo total del que se ha prescindido con una muy extraña autosuficiencia histórica. Así anda el pensamiento hoy, reducido a una reiteración formularia de obviedades y en manos de esos intermediarios del saber que, en su particular fielato, controlan con descaro palabras e ideas: les basta con los que dicen buenos titulares (ese concentrado trivial), porque lo demás es arduo de entender; o quizá es que no saben leer (lo más probable); dictaminan, entonces, qué vale y qué no para la audiencia (se les llena la boca con esta palabra) a la cual no se debe incomodar demasiado, mejor facilitarle las cosas, que si no dejaría de comprar, no consumiría tampoco pensamiento: "para mí una obscenidad inaceptable. Es como si me pidieran (...) que muriese de pura tontería" –certifica Derrida, y podría decirlo yo.

Tercia, en este momento, Joseph Beuys, con su rostro imperturbable, como de cera: inexpresividad de las suturas o expresión inquietante, mirada y rictus de máscara detenidos ¿dónde? Tocado con su sombrero de fieltro; el mismo chaleco de cazador, ese pesado abrigo (hábito, no uniforme) acogen la extraña fragilidad o vergüenza –tan teatral– que parecen retenerlo y no: habla como si pensara en voz alta, pero su tono es contundente, de alguien que no está dispuesto a repetir las cosas, ¿quién podría ponerle algún reparo? "Toda persona –dice despacio; parece masticar las palabras– es un artista". Ello es, la facultad para pensar y la energía para crear son una y la misma cosa; y, en consecuencia, libertad y justicia social son las aspiraciones a las que tiende su verdad: esa energía individual anima el organismo todo del cual formamos parte. Alguien, tal vez, quiera corregir. Y dirá: idealismo romántico ya superado. Bien se reconoce nuestro artista en ese principio, en él arraiga su pensamiento: si artista alemán, nacionalista en el mejor sentido, por qué iba a renunciar a esa memoria madre de todo: romanticismo de Caspar D. Friedrich o Richard Wagner... Sí, sabemos que luego toda esa mitología y sus símbolos acabaron manipulados para lo peor: no se debe contar con eso —sigue Beuys— ni dejarse destruir por ese pasado; hay que dejar expedito el camino para que, precisamente esa tradición permita vivir sin olvidar y, al tiempo, recordar sin falsa piedad. Desde Schiller quedó establecido, y sigue siendo tan necesario: el arte nace "de la propia necesidad del espíritu, no de la urgencia de la materia". Era por los amenes del setecientos, pero ni profecía ni iluminación: contundencia de pensamiento. Luego, se han equivocado las cosas: espíritu e idealismo se consideran ya una debilidad intolerable, contrarios de una realidad siempre reducida a sus referentes reconocibles. Desde Schiller, sin embargo, la palabra se mueve gracias a un tiempo de pausa y reflexión (esta, el espíritu: esa libertad) y así no queda sujeta ni a la condición efímera de lo inmediato ni a un puro entusiasmo sin sentido.

Casi no me deja acabar. Beuys, al oírme, se apresura a completar su propuesta: "Las verdaderas intenciones políticas del futuro —señala— deben ser artísticas. Es decir, tienen que surgir de la creatividad humana y de la propia libertad individual". Habla, por tanto, de una voluntad *política* para la existencia, no de esos torpes intereses (y bastardos, casi siempre) que mueven la acción política común, siempre lastrados por razones inconfesables; habla, también, de una actitud nacida de la afirmación libre del individuo, sin las andaderas que la estructura política de la sociedad impone. Recuerdo así, entonces, que la imaginación se tuvo por sinsentido, o por recurrencia más o menos ingeniosa, cuando —en la coyuntura por todos compartida— se dispuso a tomar el poder. Error que cometimos; la imaginación tenía ya el poder, y no lo veíamos. ¿Qué faltó entonces; y ahora, por qué se la proscribe cuando aquellos del fielato claman por la recuperación del compromiso? Faltó —si lo sabría Derrida— convicción y fidelidad; apenas nos movimos por el patio trasero, o quedamos en habitaciones interiores que no parecía interesante *fotografiar* (habrían vendido poco, debo suponer); y nos quedamos allí, pensando, en tratos con la expresión, para que no se nos fuera de las manos y cayera en la marmita tibia del *decir general*, guiso de eslóganes y frases hechas para desplazar al lenguaje o descargarlo de responsabilidad. De eso se alimentaron, golosos, cuantos se erigirían muy pronto en protagonistas. No es raro que hoy se vuelva a proscribir la imaginación, cuando se resiste a los halagos de la fama. Compromiso, sí; pero en el peor sentido: sometimiento sin respuesta.

Con idénticas maneras, Joseph Beuys expulsa a quienes lo ven tan fácil todo: "El que no quiera pensar, que se largue (uno mismo)" —deja anotado en breve cartulina, circa 1972. Y lo firma. ¿Irse, de dónde? De la concurrencia en libertad y en justicia que el arte y el pensamiento facilitan: ellos, los proscritos; no la imaginación. Porque no muestran el menor sentido crítico, ni lo fomentan con su actitud que dicen exigente, y no. Lo suyo, la *venta* del producto cultural, aderezado con mucho esmero, con un disimulo cínico como nunca antes habíamos conocido. Confunden espíritu con sentimentalidad, y la usan muy bien para mover a quienes no piensan, al colectivo sin rostro al cual se dirigen; no dan, sin embargo, en la complejidad interior, no buscan huellas en la memoria colectiva, apenas repiten determinados lugares comunes. Aquí, Beuys hace un gesto muy elocuente; no necesita decir nada para que entendamos su perplejidad: ¿cómo desde una superioridad arrogante el saber puede ser pensamiento y desarrollarse en libertad? Me atrevo, incluso, a leer su silencio: el ejercicio imprescindible, un salto que nos abisme en la intuición, para superar así la frontera de lo analítico conceptual; crear y pensar solo serán posibles en esa libertad de más hacia la que nuestra carencia constitutiva, nuestra fragilidad, nos predispone, si es que pretendemos hallar sentido a la existencia. No se trata de *metafísicas*. "Todas las incertidumbres filosóficas han respondido —señala Ernst Tugendhat— a problemas metafísicos, de identidad, aunque aparecen en nuestro lenguaje común"; en otras palabras, se trata más bien de moral, pues tal ejercitación supone una reciprocidad en las acciones, "una justificación recíproca", añade Tugendhat. Dicho a mi limitado modo: se trata del riesgo que supone la tarea de completarnos como individuos miembros de un corpus *político* sin el cual de nada valdrá semejante esfuerzo.

Ese, el hilo conductor de la memoria. Y Derrida nos habla entonces de él y de los suyos: aquellos judíos franceses, en la Argelia anterior a la independencia. Al principio, pienso: ¿a qué viene contarnos su vida? Pero una vez que veo a sus bisabuelos, tan próximos aún al mundo árabe; a sus abuelos, aburguesados y de exquisita educación parisina; a sus padres, comerciantes que se aprovechan de la situación colonial; a su propia generación, en fin, "una mayoría de intelectuales (profesiones liberales, enseñanza, medicina, derecho, etc.)", que se fueron, casi todos, a Francia en 1962... Ante esto, reconozco —paso a paso— mi propia memoria social: en mis islas atlánticas, con su régimen pseudocolonial nunca declarado, había asistido a un proceso paralelo; y también en el 63 decidí trasladarme a la Península, con no otra intención que la de ampliar mis expectativas personales, orientadas ya a la escritura y al pensamiento. Descubro, además, que el relato de Derrida no se detiene en la anécdota; si habla de la bipolaridad colonia-metrópoli, es porque, de esa manera se hace meridianamente clara la clave de todo este asunto: el papel decisivo que juega la lengua, puesto que en ella habita la razón racial y cultural que se busca, la memoria en tanto espacio fundamental y fundacional por medio del cual penetramos en sus aventurados laberintos. La lengua única que tengo, pero que no me pertenece —subraya Derrida: soy yo quien pertenezco a ese territorio de huellas y espectros que debo reconocer para reconocerme. Escribo ahora en primera persona porque no me resulta nada difícil saber que también yo soy protagonista de dicha experiencia. Que no supone quedar a la expectativa, esperando que la memoria nos dé señales; bien al contrario, habrá que irrumpir en dicho espacio, violentándolo; interrumpir su discurso llano, aunque no podamos eludir su *ley secreta*.

Se refiere Derrida —así, al menos, lo entiendo— a la ley del lenguaje, no a las leyes de la lengua; que estas son, justamente, las que deben ser violadas por la fuerza —que es voluntad— de la expresión; por ella manifiesta el ser su propia identidad, en su propia voz, no en la gramaticalidad disciplinada y normativa. "Cuando violento la lengua francesa —explica— lo hago con respeto refinado hacia lo que creo es un mandamiento de la lengua, en su vida, en su evolución". Podría afirmar exactamente lo mismo, en relación con mi siempre limitado español; y cuánto he hablado de la fuerza liberadora de la palabra creativa —en los autores que asumen esa responsabilidad—, de esa operación rompedora que, no obstante, exige que el lenguaje sea siempre *forma* del ser. Mandamiento, por seguir con la terminología derridiana: nuestra expresión será nuestra identidad, siempre que no deje fuera la conciencia del límite en que nos movemos, la incapacidad final de la palabra para decirlo todo. Coincido, pues, con Derrida. Y no solo porque abunde en su criterio; sucede que, en tanto comprometido con el oficio de la palabra y desde una distancia periférica similar, la práctica de mi escritura se ve movida por una voluntad crítica, frente a los usos normativos y normalizadores (también *moralizadores*); movida por una tonalidad que elude toda impostación y campanuda altanería que suena ridícula, pero que es uso habitual de quienes se consideran en posesión de la lengua, con una inconsciencia asertiva que no podemos aceptar.

Derrida los identifica como profesores y funcionarios metropolitanos que pasean su arrogancia entre la que piensan torpeza del francés colonial. Mas lo grave viene ahora, porque dicha diferencia se perpetúa entre quienes, desde el pensamiento y la creación, siguen encaramados en ese mismo tono insufrible, sea en el espacio mediático, sea en el espacio académico, sea —incluso— en el de la escritura literaria. Así hacen hasta muchos de los que, durante tanto tiempo, hicieron burla de la retórica del poder; apenas cultivan ahora una escritura repetitiva y un empeño *moralizador* a la inversa, única forma que consideran *conveniente* para cualquier discurso. Mejor lo expresa Derrida: "No leo sin una sonrisa, a veces sin desprecio, a esos que creen violentar, sin amor, la ortografía o la sintaxis 'clásicas' de la lengua francesa, dándose aires de vírgenes aquejadas de eyaculación precoz, mientras que la lengua francesa, más intocable que nunca, mira cómo lo hacen, y espera que pase el siguiente". Sustituya el lector lengua francesa por lengua española: el diagnóstico no variará ni tanto así. Sin embargo, algo quiero añadir; y no se trata de una simple cuestión de matiz, aunque pudiera parecerlo: la postura que, según nuestro autor, adopta esa lengua intocable, al mirar condescendiente tanta gesticulación más bien inútil. Si, como ha señalado Tugendhat, el pensar humano es un pensar lingüístico ("el pensar mismo, la deliberación humana, teórica y práctica (...) está basada en el lenguaje predicativo"), no me parece serio confiar en semejante expresión prefabricada; mejor, como propone Elías Canetti, "volverse impreciso, ocultar la opinión propia, decirlo todo aproximadamente, degenerar en oráculo" (el modo periférico de la lengua), lo que supone aceptar el estado de latencia del lenguaje, ese temor residual a que tal vez sea o tal vez deje de ser, que la verdad comporta cuando con la existencia se compromete.

¿Acaso nuestra crítica ha apuntado alguna vez en esa dirección; tiene consciencia de que el reto consiste en abrir un verdadero debate con las *formas*? ¿Ha tenido tal convencimiento a la hora de manifestarse como crítica? Difícil que así haya sido, pues el nuestro es un discurso literario (digo, el español) en donde cualquier intento de manifestar la verdad, esa existencia entre infelicidad personal y desarraigo nacional o social, y contemplar de ese modo las propias heridas mientras se agoniza, se ha tenido por cosa extranjera, algo que no nos toca; la norma es escribir desde una posición de suficiencia: literatura, en consecuencia, falaz, artificiosa y presuntuosa. Me refiero —quede claro— a la relación con el lenguaje, con la palabra. Que aquí todo se justifica yendo a los argumentos; y ni siquiera se observa que —por muy atrevidos— siempre se ofrecen desde la misma distante seguridad. Incluso en aquellos momentos de arriesgado cuestionamiento, el escritor echa mano de recursos que no alteran para nada dichas posiciones; todo lo más, se reclaman otras *formulaciones*, otro modelo o regla o receta, cosa dada también de antemano, convención que no rompe la superficie coriácea de la lengua y nos deja en donde mismo estábamos. A ello suele responder, obediente y satisfecha, nuestra escritura literaria. Sabe que, de ese modo, seguirá en el centro de la escena, que es al parecer lo único que importa. Y un debate con las formas, como el que decimos falta, empieza –desde luego– por tener en cuenta al lector, mas no, como aquí tenemos por costumbre, para facilitarle las cosas sino para que aprenda "a leer (a 'vivir') algo que no estaba acostumbrado a recibir". Nuestra escritura ha ido, tan complaciente, a emular "las producciones en masa que inundan la prensa y la edición [pero que] no forman a los lectores, suponen, fantasmáticamente, un lector ya programado".

¿Y a *provocar*; ha sido capaz de provocar como es debido? Es ahora Joseph Beuys quien interviene, para añadir: pero con una provocación consciente, para "evitar presentar a la gente cosas aburridas". Creo entenderlo: que la escritura se despoje por completo del "espíritu de la burocracia, de la conformidad y del orden escrupuloso reinantes en los despachos de la administración", que es lo que hoy se tiene por política, por más que el discurso público tras el cual trata de esconderse pregone lo contrario: al poder no le resulta nada ventajosa aquella otra manera en que Beuys dice *provocación* (nada que ver con la ya domada vanguardia). No por casualidad, la administración estatal puso trabas y decretó prohibición para los peculiares proyectos académicos –irregulares y provocadores– de nuestro artista (y era 1972, por cierto), "por negarse a cumplir órdenes ministeriales que, según él, iban contra sus convicciones y en las que veía una limitación intolerable a la libertad artística y científica". Beuys acabaría por ganar la partida en los tribunales.

Hay una pausa aquí. Empiezo a vislumbrar, entonces, el verdadero sentido político de toda actividad intelectual cuyo protagonismo reside en la expresión, en los lenguajes; empiezo a reconocer la vinculación de todo este complejo debate con algo que –en principio– se vería muy alejado de todo ello, dependiente tan solo de las circunstancias históricas, de la coyuntura en la cual nos encontramos, pero que no es así. Me refiero al compromiso que supone la nueva construcción de una identidad continental en Europa. Porque, por una parte, ya es sintomático que la respuesta a la provocación de Joseph Beuys venga del ministerio de Educación de su país precisamente, y con un gobierno democrático; y no menos significativo, por otra, que el poder académico se haya apresurado a usurpar la teoría de la deconstrucción derridiana, hasta tergiversar por completo su verdadera intención y sentido. Dejo al propio Derrida que se explique. "Desde el inicio de mi trabajo, y en esto consistía la 'deconstrucción' misma, me he mantenido extremadamente crítico frente al eurocentrismo en sus formulaciones modernas, en Valéry, Husserl o Heidegger, por ejemplo (...) una actividad que muchos han considerado, con razón, como un gesto de desconfianza hacia cualquier eurocentrismo". Consecuentemente, una posición crítica que deja al descubierto la actitud desconfiada o escéptica del intelectual, su responsabilidad ante la condición asertiva del poder y del saber. Lo cual en nada se parece al cerrado método deconstructivo que la crítica universitaria fijó e impuso, en la década de los setenta.

Oportuno será traer a colación el testimonio de Tzvetan Todorov, "visitante en los Estados Unidos". Oportuno y significativo, dado que Todorov había transitado el complejo territorio de la crítica, entendiendo que así afrontaba –de modo primordial– un debate con las formas de lenguaje; y que también él –como los ya citados– sería objeto de confusas interpretaciones que mimetizaron sus propuestas hasta lo irrisorio, para acabar por abandonarlas en cualquier discreto margen del camino, cuando se consideraron agotadas. Al llegar como profesor a la Universidad norteamericana, el escritor búlgaro observa, con no disimulada perplejidad, cómo la crítica académica se hallaba entregada –con entusiasmo inconsciente– a la herencia del estructuralismo, en tanto fórmula exclusiva y prodigiosa (con sus métodos y variantes) de interpretación literaria. Hasta ese momento, recuerda Todorov, todo se iba en responder a la gran pregunta: "¿qué significa este texto?"; se pretendía "descubrir del modo más exacto posible lo que el texto quería expresar". Los métodos elegidos podrían variar, pero el objetivo del ejercicio era el mismo. Y así, como secuela del estructuralismo, se produjo una voluntad de continuación superadora del método europeo, a través de la cual aquella pregunta primera iba a quedar desactivada para siempre. Y la apuesta primera fue, precisamente, la *deconstrucción* que contestaba a la famosa pregunta con un *nada*, radical y rotundo. Negaba cualquier significado, pues nunca se llegaría a acceder al mundo en la obra contenido: era solo un discurso que nos reenviaba siempre a otros discursos: la literatura nomina o renomina el vacío; el texto se convierte en un "obstáculo insuperable en toda lectura, en todo intento de comprensión" –repite así Todorov las palabras de Paul de Man; y, en consecuencia, cómo escoger un discurso de entre todos, si "todos los comportamientos dictados por valores (como la crítica, la lucha contra la injusticia, las aspiraciones a un mundo mejor, etc.) se vuelven irrisorios".

La reflexión del crítico búlgaro viene a poner el dedo en una llaga que hoy mismo sigue abierta, y no solo en el estricto campo de la crítica literaria: llaga que se ha abierto como hiato imposible de salvar, en las relaciones sociales y en la configuración *política* del mundo. Los valores se vuelven irrisorios; cómo entonces crítica, debate, aspiraciones, para no solo comprender sino salvar aquella reciprocidad de la moral, a la que se refiriera Ernst Tugendhat. Por ejemplo, eso. Pero más aún: cómo desprender el discurso del conocimiento del mundo sobre el cual se proyecta, y —sobre todo— de la condición humana como existencia, puedan justificarse o no tales realidades o tales experiencias... Porque el momento de las limitaciones llega, inexorablemente, para ese ejercicio del conocer; y ese límite resulta ser el saber mayor, en tanto materia y en tanto expresión. Tzvetan Todorov confirma que, si nos acercamos críticamente a un texto, cosa que es como hacerlo a la vida, las preguntas que nos hagamos deberán ser "acerca de los valores producidos por los textos que estudiamos"; y así, aquella pregunta olvidada sobre la significación, no solo debe ser recuperada con urgencia, sino que debe llevarnos a otras: ¿y eso que significa, es cierto; y es justo? Todo este proceso de lectura del mundo contenido en esas obras, no es un simple divertimento (como ahora parece común aceptar: la sección de los medios en donde se da cuenta de las mismas linda, cuando no coincide, con la de espectáculos), sino un espacio abierto a la situación de incertidumbre, a la titubeante experiencia que supone para los individuos descender hasta ese principio complejo de su memoria común.

Pero tampoco debe ser un ejercicio que solo practiquen los especialistas, en una suerte de onanismo académico —con sus metodologías abstrusas y su vocabulario para iniciados— que es, al propio tiempo, dogmatismo que decide a priori que un texto dice *nada*. No puede extrañar, en consecuencia, que el reducto universitario haya sido el mejor caldo de cultivo para volver del revés la *deconstrucción*, hasta el punto de dejar mutilado para siempre —al menos hasta hoy mismo— el ejercicio de la crítica y la responsabilidad mayor que con ello contrae el escritor. Dice Todorov: allí les "basta con aplicar su receta sobre una nueva materia para obtener una exégesis *original*"; y lo que importa es superar la oposición entre crítica especializada, que sabe pero no piensa, y esa otra que nuestro escritor llama moral, en donde se habla sin saber nada de las obras en tanto tales. Y así, "el crítico podría al fin asumir plenamente el papel que le pertenece, el de participante en un diálogo doble: en tanto que lector, con su autor; en tanto que autor, con sus propios lectores".

No ha sido digresión, si bien se mira (y se lee), este excurso por el testimonio americano de Todorov; ni siquiera habría que limitarlo a su carácter profesoral o literario; se trata —como venimos diciendo— de la evidencia del desvío que el poder hace de todo ejercicio crítico, de cómo despliega sus estrategias para deglutir los lenguajes y desactivar la energía que comportan. Estábamos con Jacques Derrida. Volvamos a lo que venía señalando acerca del verdadero sentido de la *deconstrucción*, bloqueado por otros intereses y por el miedo a la verdadera responsabilidad del intelectual. Queda muy claro, pues, que

Derrida parte de una *lectura* de la tradición europea, desde el esplendor ilustrado a lo que denomina "estrechamiento de este pequeño continente y (...) la enorme culpabilidad que estremece hoy su cultura"; queda claro que su operación es una vuelta hacia la memoria común, una exploración por sus laberintos, y no para celebrar o censurar lo que en cada caso proceda, sino para alcanzar una posible Europa otra que, sin hacer dejación de todo eso, porque también la constituye y la identifica, pueda asumir su responsabilidad frente a las fuerzas hegemónicas que presionan ahora sobre ella, desde los dos extremos del mundo. Comprensible, entonces, que Derrida considere como insolvente para su proyecto a esta comunidad europea neoliberal, "virtualmente amenazada por tantas guerras internas", o a esa otra mercantilista o militarista que se piensa podría actuar como "contrapeso a esos dos bloques".

Frente a la mera sustitución de un modelo por otro, la *deconstrucción*, en tanto interviene críticamente para reconfigurar la identidad europea, y en tanto empeño por determinar qué Europa nos interesa reconocer como proyecto de futuro, como espacio propicio para "sembrar las semillas de una política altermundialista". Y lo mismo que la *deconstrucción* había nacido de una actitud desconfiada ante los manejos del poder, la responsabilidad que ahora se debe asumir deriva de la memoria europea así expurgada, de "una relación de Europa consigo misma, como experiencia de la lateridad radical"; de una perspectiva crítica sobre esta democracia "que nunca ha existido de manera satisfactoria y que todavía está por venir". Me satisface coincidir con Derrida, en esta advertencia sobre la democracia como costumbre política que ha ido desplazando —poco a poco y a la chita callando, sin que se produzca la menor inquietud— a la democracia como idea. Y más me contenta reconocer que el modo en que manifiesta su responsabilidad, en este caso concreto, es también el único que yo entiendo posible: considerarse –declara– "en guerra conmigo mismo (...) y [decir] cosas contradictorias, cosas que están, digamos, en una tensión real, que me construyen, me hacen vivir y me harán morir". ¿Cómo de otra manera la experiencia que nos vincula, por el pensamiento y por la palabra, a la relación *política* imprescindible para reconocernos, si no es a través del debate existencial?

Reveladora resultará, entonces, la posición del político que, también en aquella conjunción de coincidencias, ha venido a cumplir ahora su proyecto de acción. A Daniel Cohn-Bendit lo veíamos, en aquellas turbulentas jornadas, casi siempre de lejos y en el gris desteñido de fotografías y noticiarios; vociferaba y se movía imparable entre la multitud, pidiendo ¿qué? Nunca ocupaba el centro; pero sí se hallaba en medio de todos, estratégicamente situado, porque se quiso –y se sabía– protagonista. En el gesto de la boca era perceptible la energía de su respuesta; pero ¿decía palabras o gritaba la imaginación? Nunca llegamos a saberlo. El caso es que Cohn-Bendit era Europa; y lo sigue siendo ahora, cuando explica –con rotunda sencillez; no dice cómo sino qué, político al fin– la idea de esta Europa a la que no desea renunciar: "Europa continuará con su formidable fuerza de integración por el mercado, porque Europa sigue siendo una zona de mercado". ¿Invalida esto la razón expuesta por Derrida? Diría que no. Cohn-Bendit, tan expresivo como hace cuarenta años, habla sin embargo relajadamente, desde su despacho de parlamentario europeo, y esto es lo que determina –quiéralo o no– la diferencia con el filósofo. Pero ambos coinciden (y yo, desde luego, con ellos) en lo sustancial: no renunciar a la memoria. Claro que "una zona de mercado"; así se hizo desde su principio este continente: en plazas y encrucijadas, en lonjas y casas de cambio, donde se vendía y se compraba, donde se discutían ideas, donde se mezclaban formas de vida y se superponían lenguas, en una extraña nueva y no catastrófica Babel, pues bajo tanta agitación no existía el menor complejo de culpa. El dinero comenzó a circular y la burguesía se instaló, ya para siempre, frente a la altanería aristocrática. Caminos de riqueza y cultura, de Oriente a Occidente, de Norte a Sur...

Escribo esto y vuelvo a recordar algo de lo que también dijera Novalis. Allá por el final del setecientos, y no precisamente con una inclinación que hacia el materialismo lo llevara, identificaba el espíritu mercantil con el espíritu del mundo; porque —señala— "todo lo pone en movimiento y todo lo une. Estimula a las ciudades y a los Estados —a las naciones y a las obras de arte. Es el espíritu de la cultura —del perfeccionamiento de la especie humana". Ahí tenemos al frágil poeta, con su entusiasmo idealista y desde su formación religiosa que lo vinculara, desde la infancia, a una extrema espiritualidad; ahí lo tenemos, digo, apuntando al centro neurálgico de un mercantilismo imprescindible, incluso para bien del arte y de la cultura y de la moral. Había advertido en otra ocasión —y aquí lo corrobora, aunque sean otras las palabras— que no es progreso sino transformación (perfeccionamiento, ahora) la verdadera medida para valorar el curso de la historia del hombre. Y añade, como advertencia: "El espíritu mercantil *histórico* —que se orienta servilmente según las necesidades dadas, según las circunstancias del momento o del lugar— es solamente un bastardo del auténtico espíritu mercantil creativo". Redundante será añadir o explicar nada. Solo me interesa subrayar adverbio y adjetivo: si *servilmente*, como dice, es que se ha entrado en ese juego de sometimiento al progreso más torpe y al anonadamiento total de aquel espíritu; porque bien claro queda que, en tal caso, no puede ser *creativo* –por mucho que el término se utilice, impunemente, para calificar a quienes con artera intención usan las artes de un engaño sin escrúpulos.

En consecuencia, el caso será tener siempre en cuenta cómo se deshizo todo aquello; cómo los intereses acabaron siendo solo de poder y se exigió sacrificio, para que el dominio se ejerciera sin obstáculos; e igualmente, el caso será qué intereses andan hoy en juego, tan oficiosos e hipócritas: mercado, sí, pero no demasiado; liberalismo, sin duda, pero no convendrá excederse en las recetas. Frente a las idelogías, de no hace tanto, "hoy el traidor –señala Cohn-Bendit– es el agente del neoliberalismo. El horror es el liberalismo. Creo que hay una reducción del pensamiento que es peligrosa (...). Hay quienes quieren salir de la economía de mercado. Y esta idea lleva a una tradicionalización del pensamiento político". Bien claro queda, me parece: el peligro –como entonces– en la reducción o simplificación, ayudada ahora por el lenguaje de los medios, único dominante y único al cual se acude siempre, pues sin su repercusión qué existe ya... Con "tradicionalización del pensamiento", Cohn-Bendit habla –si lo entiendo correctamente– del regreso a los egoísmos nacionales y a la visión restrictiva que comportan ("¿Qué porvenir se puede tener en una Europa donde, al menos en algunas de sus regiones, las divisiones son cada vez más duras y feroces?" –se pregunta George Steiner); a una ideología estatalizadora (de ahí, el peligro) con la que hacer frente a una globalización constituida ya en tópico, y tan alejada de su verdadero sentido. Regreso a un "Estado todopoderoso, intervencionista a todos los niveles", y benefactor siempre, en el cual podamos descargar toda responsabilidad política y social. ("El hombre ha intentado convertir al Estado en una almohada para su pereza —y el Estado debe ser precisamente lo contrario (...). Su objetivo [convertir a los hombres] no en los seres más indolentes —sino en los más activos", Novalis). Vieja y caduca dicotomía, celebrada ahora con ese espectáculo —puro teatro de calle, como lo fuera en los sesenta— de los movimientos antiglobalización (o de sus secuelas oportunistas, que ahora padecemos), orquestado, difundido y transmitido en directo, a lo largo de toda su bien organizada gira por las ciudades en donde se reúnen los poderosos de la tierra: ambiguo espectáculo de fiesta y violencia que repite, con el beneplácito general y con estética no tan diferente, aquella pretendida (y pretenciosa) rebelión que nunca llevó la imaginación al poder, ni al amor al lugar de la guerra.

El poder acabaría por apropiarse de la primera; y la guerra —bien lo supo Joan Littlewood— resultaba tan encantadora... Así quedó desarticulada aquella ingenua rebelión; así también, ahora, interesa que haya enemigo dentro; porque, si no, cómo justifica el poder su necesidad. Pues a ver si todo este *happening* que ya aburre no goza de permiso, no es parte de una bien dispuesta estrategia: para que no se diga. Razón que asiste a Cohn-Bendit: hoy pensamos con una dimensión histórica de muy cortos alcances; no hay ya memoria, o apenas si la consideramos. Eso, entre políticos e intelectuales, tan temerosos de perder su lugar al sol o su cielo prometido. Pero viene la hora de una consulta popular (fiados aquellos en la costumbre democrática, no miran atrás) y la gente dice no y cunde el asombro y hay un desconcierto del que no se sabe cómo salir. La gente ha dicho no porque los políticos europeos no están históricamente a la altura; su mediocridad cultural es patente y su visión de futuro tan estrecha como interesada: "Nadie dice qué es lo que espera de Europa, cuál es su visión de Europa". Su acción, movida apenas por su deseo de seguir siendo elegidos, tras los cuatro o seis años de precepto, pero siempre en el reducido ámbito de su propio partido o, como mucho, de su nación. Pero, "para hacer funcionar el mercado (...) hay que actuar no solo económica sino políticamente"; debe cumplirse un proyecto algo más que administrativo y burocrático, que entienda la vida política en su más genuino sentido de relación y confrontación social e intelectual –y así lo exige el ciudadano, por más que políticos, medios y élites de poder impongan ese otro que *venden* como único modelo válido para estar al día. Poderes que condicionan o manipulan la opinión; pensamiento y creación ejercen ya muy poca influencia; las ideas qué son sino rebrotes de ingenuidad (*ideólogos*, ahora, las manejan y gestionan); y filosofía ha dado en ser una simple palabra, degradada hasta extremos indecorosos. Pues bien, mira por dónde, por más que los poderes traten de cultivar y mantener el gregarismo, la consciencia empieza a recuperar su lugar.

Cohn-Bendit añade: "se debe intentar comprender por qué la gente no considera a Europa como una solución a los problemas, sino como parte del problema". No parece muy difícil, sin embargo, dado que la estrechez de los nacionalismos (y su multiplicación en fraccciones beligerantes, como sucede en algunos países) diluye la idea de Europa como espacio político cohesionado; hasta en determinadas cuestiones prácticas –transportes y comunicaciones, por ejemplo– o en el empeño doméstico de ciertas disputas partidarias: Europa, siempre al fondo; o cuando se identifica la unidad con la ayuda o ventaja que puedan obtener tales intereses particulares, en muchos casos con una punta de obscena miserabilidad. No sin ironía, lo ha dicho Steiner mucho mejor que yo: "Es maravilloso tener dos piernas. Las raíces están bien para los árboles (...). Un brusco giro hacia el chovinismo territorial es algo que me espanta". Nadie parace hacer caso. Así pues, me sorprende que Daniel Cohn-Bendit vea a los países del Este o del Sur –esas periferias– que llegaron más tarde a Europa, como "sociedades dinámicas, que no temen al futuro, capaces de evolucionar, que aceptan el desafío del cambio". De una parte, porque –al menos visto el caso español desde dentro– ese dinamismo que señala y esa valentía para encarar el futuro y los cambios, no me parecen tan ciertos como él cree: Europa sigue siendo, aquí, algo de fuera, algo que viene bien cuando viene bien; no tanto, cuando exige una distribución de beneficios dirigida a más países, con el consiguiente detrimento solidario. Por otro lado, además, la fractura nacionalista que se ha convertido en eje de la configuración territorial española, se desarrolla y se consolida en tanto repercute en los intereses más estrechos de la región, económica, social y culturalmente hablando; con el añadido del conflicto lingüístico, tan ridículamente tratado (pero tan grave) aquí.

¿Cuál es el motivo de la percepción, entre nosotros tan arraigada, de que Europa y España sean entidades geopolíticas diferentes? Y no se trata de algo anecdótico; es una convicción todavía hoy vigente en muchos casos. Europa, desde aquí, ha sido siempre un afuera, algo extraño; como si nosotros no formásemos parte del continente y de su historia. Sobre todo, de su historia; donde España tiene un papel protagónico desde los albores de Occidente. Quede claro que con ello no trato de revivir y encarecer glorias militares, conquista y dominio del mundo, en aquella época imperial: solo corroboro un hecho incuestionable. Y por lo mismo, digo que esa historia europea de España se hizo sin España, y creando ya la idea de los europeos como otros, como diferentes, como enemigos irreconciliables. Desde el siglo XVIII, además, con las nuevas hegemonías, crece en España ese complejo de inferioridad histórica, que yo llamo de colonizado, por medio del cual se refuerza la idea de que Europa, mejor ajena; así no habrá consciencia de que somos menos: refugiados en nosotros mismos, encelados en lo castizo o mirándonos complacidos en nuestras pequeñas diferencias regionales, nos autoconvencemos de ser diferentes, y ya no nos hará falta nada que venga de fuera.

Los historiadores, condescendientes quizá, dirán que hacia 1914 ya se manifiesta otra mentalidad (Europa como solución, que señalara Ortega), en el bien entendido de que europeizar sería modernizar el país. Añaden, sin embargo, que el proyecto fracasa al tiempo que fracasan monarquía y república. Me atrevería a decir que por otra razón, no simplemente coyuntural: era también aquella una mentalidad acomplejada, aunque no se entendiera así; una actitud con la cual se miraba a Europa con la esperanza de que sirviera de terapia eficaz para un país postrado como el nuestro; que Europa cargara con una responsabilidad que, por lo visto, los españoles no estaban dispuestos a asumir: que venga a nosotros, que nos construya; en modo alguno, actuar nosotros en la construcción europea... Una vez más, el modo de actuar del colonizado, con el añadido de ese desplazamiento de la responsabilidad que es una forma de culpar al poderoso, un tributo que se le exigiera por los males infligidos. Creo, pues, que Cohn-Bendit simplifica las cosas, cuando apunta al franquismo como único elemento retardatario para la incorporación española a Europa. La verdadera dimensión del problema es otra, y no se puede abarcar sin apelar a la memoria constitutiva: ver en ella que España nunca llegó a hacerse, quedó sin resolver el problema de los reinos y se miró hacia otro lado, se disimuló siempre, en el asunto del mestizaje originario...

Ahora se ha querido remendar, tarde y con urgencia (también con torpeza), ese panorama, con regiones, autonomías o nacionalidades (así, al parecer, se exige), sin saber muy bien qué alcance tiene la propuesta ni qué responsabilidad se afronta al hacerlo así. Sórdida fue la guerra civil; y mucho más, la posguerra de tan triste memoria. Como si no lo hubiera sido ya, y bastante, la inmediata anteguerra. Pero solemos quedarnos ahí; no se dan los pasos necesarios para ver que tampoco las guerras civiles del ochocientos resolvieron nada, dejaron la situación en el mismo punto en que la heredamos. Por no ir hasta el XVIII y a la incomprensión borbónica frente al mismo problema recurrente de los reinos peninsulares, que venía ya desde la forzada unidad en el tránsito a la edad moderna. España, sí: esta compleja configuración histórica sin resolver; y aunque se diga otra cosa, o así parezca, ajena casi siempre al horizonte común europeo. Declararse europeos, en este comienzo del siglo XXI, resulta de muy buen tono; y ya se sabe que, para nuestra idiosincrasia, ha sido cosa principal eso del buen parecer, y que además se note. Nos decimos europeos, pero interesan muy poco o casi nada la política e instituciones europeas: cosa de políticos; los ciudadanos –incluso cuando viajan habitualmente por los países más cercanos o lejanos– siguen viendo a los demás europeos como raros, extrañándose de sus formas de vida, haciendo la burla del ignorante que se encuentra con otras lenguas, considerando casi ofensiva la disciplina o respeto social a los que deben acomodarse.

Cohn-Bendit se refería también –dijimos– a los países del Este, Polonia, República Checa, las repúblicas del Báltico, como esperanza viva de una Europa que, gracias a su contribución, acabará por reunificarse, puesto que fueron parte cercenada al continente a causa de los intereses militares y territoriales que entraron en liza durante el largo período bélico del pasado siglo. Aunque sería conveniente mirar, al propio tiempo, al flanco sur, desde Hungría y los Balcanes hasta Turquía ("Con Turquía –señala Daniel Cohn-Bendit– no se produce una reunificación; sería una auténtica ampliación de Europa. Europa es una entidad política, y la cuestión es si esa entidad política puede funcionar si se amplía a Turquía"; pero ¿no ha sido el flanco turco, desde el comienzo de la historia del continente, la frontera que ha puesto en entredicho la entidad y cohesión de Europa?); mirar hacia "ese mundo inmenso que desde Viena a Kiev y Odessa" tal vez nos ayude a tener una perspectiva más tolerante, a no enzarzarnos en complejidades retóricas –son palabras de George Steiner. ¿O es que no fue eso Europa, y su frontera más conflictiva como digo, precisamente porque fue la más cerrada en sus pequeños nacionalismos, en lo cultural y en lo religioso, en lo lingüístico además de en lo político?

El caso es que tan extraño mapa sigue sin casar del todo. Puede que la graciosa concesión de ciertos fondos, de subvenciones para el desarrollo, apacigüen un tanto los ánimos, pero no se toca para nada el verdadero problema, latente ya de siglos. Lo de las subvenciones está muy bien, claro; y cómo no la incorporación sucesiva de miembros a la unidad continental, en recíproca donación. Pero sigue sin contarse con la memoria, con tantos principios cercenados u olvidados por conveniencia, o por miedo a que resurjan viejos fantasmas de odio y violencia, que no hace tanto anduvieron sueltos sin el menor reparo en el empeño de ejecutar una concienzuda limpieza étnica y religiosa. Occidente miraba absorto e impotente; esperaba que el conflicto, por sí mismo, hiciese crisis. Y no. Impotencia, desde luego; pero no menos ignorancia: a esa frontera oriental se confinó —apretándolos territorialmente cuanto se pudo— aquellos flujos culturales que también fueron parte de nuestro principio natural (el arte —insiste Beuys— debe redescubrirnos los orígenes euroasiáticos, tradición de tantas energías esenciales); o, como en el caso musulmán, se impidió la integración desde los albores de la historia, cuando era también una cultura monoteísta y también del libro, y cuando su pensamiento traía ya asimilados los del principio griego que no tuvo dificultad para conocer y aceptar. Se olvida esa confluencia, ese encontronazo dialéctico entre Atenas y Jerusalem, y parece llegado el fin de aquel gran impulso, generado cuando aún el lenguaje mantenía su relación con el misterio del origen, donde el ser era una luz que atravesaba el lenguaje —recuerda Steiner que decía Heidegger. ¿Solo entonces? Porque la situación es la de ahora mismo; y no digamos que se trata de un final decadente; siempre las decadencias han sido los momentos de mayor vigor augural, desde la mismísima época helenística.

Y en eso estábamos, sin fijarnos demasiado —la verdad sea dicha—, cuando Occidente salta hecho añicos. No voy a opinar al respecto; ya muchos han echado su cuarto a espadas, y no deja de ser opinión al hilo de la actualidad. Digo que cómo ahora recomponer siglos; cómo volver al principio verdadero y corregir tantas curas de urgencia con una drástica cirugía: imposible, desde luego. El asunto no es por qué sucede lo que sucede, sino lo inermes que estamos (la fuerza, apenas contención); no somos más, ni más fuertes ni más sabios. Habrá que aprender a asumir tamaña violencia como un ingrediente más de nuestro mundo. Que si a mayor violencia mayor seguridad y menor libertad, que si tanta desmesura puede tener razón, puede explicarse... En tales disquisiciones nos enredamos, víctimas de nuestro complejo de culpa histórico que nos puede siempre. ¿No estaremos respondiendo con criterios antiguos y ya inoperantes; no será una torpeza mayúscula —siempre me ha parecido un recurso muy infantil— manifestar rabia y comparar la nueva violencia con la desplegada por los totalitarismos arrasadores, genocidas, que en los treintitantos se instalan en Europa para ejercer su dictadura de miedo y exterminio? No es esa la dimensión de la memoria con la que debemos contar; acaso, un instrumento obsoleto para disponer estrategias inútiles. Porque la ira que azota Occidente es hoy, una vez más, cosa de *conversos*; y de eso sabemos mucho aquí, en España; así nos constituimos y por eso hemos hecho siempre de la religión una hoguera o un mártir; aunque ahora —sociedad civilizada, se dice— proscribamos la primera y disculpemos a los otros. Pero, en realidad, nadie sabe nada de lo que pasa. Hablo mucho de la religión como elemento capital en este debate, y me esfuerzo en decir que no se trata (aunque sea lo único que aquí se tiene por tal): ni de catecismo azul aviación ni de libro rojo sangre, con todos dando cabezadas para aprenderlo sin faltar coma. Una vez más debo repetirlo: se trata de una *lectura* del texto (lo que supone atención selectiva, y recolección) del relato del hombre, desde Homero y la Biblia; se trata de pensar esa memoria y reconocernos en ese espíritu, principio nacido de la relación de gozo y conocimiento que el texto produce: una conexión orgánica con ese gran cuerpo del mundo para facilitar —a través de la palabra— la convivencia de los individuos, como ya había propuesto Hegel.

MUCHOS DE MIS GENEROSOS LECTORES LO SABEN, creo: la crítica literaria me ha ocupado a lo largo de muchos años, varios lustros ya. Pero las exigencias que tal oficio impone, y la responsabilidad de él derivada, me han hecho reflexionar –de tiempo en tiempo– sobre los extremos alcanzados en mi trabajo y sobre el sentido que esta dedicación haya podido tener para mí. No es esta, por tanto, la primera ocasión en que me pregunto por todo ello; pero sí la única, hasta ahora, en que el sujeto de tal reflexión no es la materia concreta sobre la cual escribo, ni la condición misma del crítico, cosas que he tratado de dilucidar (a lo peor, con bastante torpeza) en anteriores abordajes al asunto. Ahora –como digo– se trata de entrar en debate con algo que hace poco me ocupa, y preocupa, de modo recurrente; algo que entiendo vinculado también a otras cuestiones, quizá más personales y desde luego mucho menos *literarias*, referidas a la madurez con la cual lidiamos cuantos hemos superado, hace años ya, la mitad del camino de la vida. Y me apresuro a decir que no existe el menor asomo de patetismo en esta afirmación; desearía que quedara muy claro el tono de absoluta normalidad que tienen mis palabras.

Pero dejemos el *dolorido sentir* y vengamos al asunto que digo... Aunque, pensándolo bien, ¿no es este una parte –y decisiva– del discurrir existencial al que no puedo, ni debo, renunciar cuando pienso y escribo sobre lo que leo? Como escritor, como crítico en ejercicio, nunca he querido que tal actividad apareciera como ajena a, o separada de, la vida (de *mi* vida, subrayo): no solo me he esforzado en interpretar las propuestas de un autor en su obra, no solo me he dejado conducir por él a través de los sugestivos senderos que me abre a medida que avanzo por sus páginas; por encima de eso, mi objetivo ha sido siempre entenderme yo mismo, reconocerme en aquellas propuestas, perderme por esos caminos. Digo *interesarme* en todo ello; *ser entre* cuanto allí puedo encontrar: voz, pensamiento, persona... En otras palabras, saber que con la lectura y la escritura críticas puedo ir configurando –hasta donde ello es posible– una *memoria* que me identifique; que, consciente de mis carencias, pueda volver los pasos hacia una *tradición* donde habitar la demasía necesaria para ser, sin claudicaciones ni contemporizaciones.

Porque cómo escribir (y vivir) sin tradición; sin establecer un debate permanente con el flujo sin fin que nos contiene y que nos lleva, que nos explica... No perdamos de vista la etimología: tradición deriva de *tradere* (entregar), y por ahí su sentido de transmisión y herencia de lo anterior; pero también (y esto es importantísimo) su proximidad semántica a *traición*: no solo el legado que pasivamente recibo, también el envenenado sentido que con él me puede llegar, y que me obliga a permanecer alerta, a no ser nunca complaciente con todo eso. ¿A qué tradición, pues, me debo; qué tradición me ha hecho y me ha dado voz? Esta sería la pregunta. La respuesta, situado en este punto del discurso histórico, no puede ser otra sino la que sigue: mi tradición es esa línea (nada imaginaria, por cierto) que determina una existencia fronteriza. Mas no como límite, sino como posibilidad, cauce por donde orientar aquel atrevimiento que supone habitar la demasía.

¿Qué territorio más fronterizo que una isla? Toda ella, frontera. Y, en consecuencia, lugar de transmisión; pero también de *traición*. Porque la frontera insular es orilla, borde de ese territorio incierto e inestable que es el mar. Eugenio Padorno ha escrito: "La mitificación de toda isla facilita la transitabilidad de la realidad al sueño o viceversa; la isla neutraliza la realidad racionalizante y hace de la vida el relato de una ficción". Y estoy de acuerdo con él. Pero el poeta habrá de permitirme que aporte algún matiz: se me hace muy difícil pensar que nuestra virtud como insulares sea el hacer de la vida "el relato de una ficción". Visto desde la perspectiva de las potencialidades artísticas y literarias, podríamos admitirlo; pero vivir autosatisfechos de que ficción e irracionalidad determinen esa identidad, nos lleva a la paralizante condición que Unamuno (también lo recuerda Padorno) anota en su visita a la familia de Domingo Rivero: "una vida de dejarse vivir, o lo que es igual, de dejarse morir".

En consecuencia, esa frontera que es orilla resulta ser, más bien, principio y no final, y menos finalidad; tanto para quien va como para quien viene ("Cuando llega a cada estación nueva, el viajero reencuentra un pasado suyo que no sabía que tenía: la extrañeza de lo que no eres más o no posees más te espera en esos lugares extraños y no poseídos", escribe Italo Calvino, refiriéndose a Marco Polo). Si algo puedo colegir, tras mi largo aprendizaje fronterizo, es que, no solo el movimiento, también la mirada es recíproca. Y la voz. Y aun se me hace claro algo más: que esa indudable permeabilidad se resuelve, y realiza, como contacto copulativo, fecundante; y que es en ella donde hallo sitio: memoria y tradición. Lo que me lleva a alongarme con peligro, y hasta precipitarme, en ese espacio que inquieta y desconcierta porque envía sugestivas llamadas incitando a la traición, resistiendo a la tradición.

Siempre que me he propuesto cumplir ese viaje que es toda lectura, toda escritura, entre lo prieto del conocer, llego inevitablemente a un punto en el cual los caminos se cortan, o donde los senderos tan visibles se confunden con algo que parece maleza, broza o simple oscuridad enmarañada. Lo cierto es que, a más indagación, más se acentúa la perplejidad y más diversos y difíciles son los interrogantes que me asaltan. La reacción inmediata es una suerte de temor a ser demasiado condescendiente con lo que podría considerar mis saberes; a parapetarme tras ellos cuando descubro que solo he llegado a tener certeza de mis propias limitaciones. ¿Dónde hallar el principio necesario y lo suficientemente sólido para que no ceda bajo mis pies? ¿Qué antecedentes, tradición o memoria, podrían avalarlo y justificarlo, en los dos sentidos del término?

La inclinación inmediata, buscar amparo en los más cercanos; aquellos que me identifican con mi espacio natural, la isla, y con el proceso cultural que allí pueda tener asiento. Sin embargo, dicha búsqueda me inquieta y desconcierta (llega el momento en que la tradición pide *traición*) cuando, en vez de memoria (lugar hacia el que remontar para conocer más), la tradición se me ofrece como pasado traído al presente, en un estéril ejercicio de nostalgia. Estoy con Maurice Blanchot cuando afirma que "el olvido es la vigilancia misma de la memoria, la potencia tutelar mediante la que se preserva lo oculto de las cosas (...) la memoria —continúa— es confusión, es 'confusa memoria', 'leve memoria', aquel *poder de alteración* (y lo subrayo) que instala en nosotros (...) el enigma del cambio infinito". Y ¿cómo no voy a concordar con él, desde la privilegiada situación fronteriza que es mi tradición, mi identidad?

Y gracias a tal acuerdo, yo no caeré nunca en la tentación de identificar esa tradición como límite; ni la aceptaré como autocomplacencia de lo propio, que niega lo ajeno; ni la veré como una idílica vuelta atrás. Si busco ese principio es "para ir más allá, hasta el límite, con el fin de intentar romper el círculo" (Maurice Blanchot). La tradición o memoria existencial y cultural que me ha hecho no acaba en las fronteras convencionales que se le han puesto; no es un punto quieto en la historia, ni una estricta serie de invariantes. Porque no hay *una*, ni existe *la* verdadera. Toda tradición es el resultado de una evolución, de un enriquecimiento sucesivo; y mucho más en una isla —todo frontera— donde se ha de constituir como la suma de cuanto la ha ido conformando y como espacio para una permanente indagación interrogativa, derivada de la coexistencia y confrontación de todos esos elementos concurrentes. Una tradición que solo se completa en su *traición*; en la "respuesta que encuentra el hombre cuando ha decidido ponerse radicalmente en entredicho. Esta decisión (...) expresa la imposibilidad de detenerse, ya sea en un consuelo o en una verdad, en los intereses o en los resultados de la acción, o en las certezas del saber y de la creencia", por decirlo, de nuevo, con Maurice Blanchot.

Buscar las raíces significa atarse a lo primordial sumergido en la tierra; esperar sin más ese algo que nos sostenga y alimente. Ejercicio de pasivo narcisismo. No puedo conciliar eso, por tanto, con la alerta permanente de mi condición fronteriza, por donde —de forma siempre inesperada— se me iluminan zonas ocultas o distantes de aquel territorio inicial, pero que me resultan imprescindibles para ser. Si concibo la tradición como lo que es, cumplimiento de un aprendizaje, me veo en la obligación de aceptar el compromiso de la discontinuidad, de la separación, extraño entre-dos, donde lenguaje y mundo comienzan a ser identificables. Cuando Maurice Halbwachs utiliza la metáfora del océano para referirse a la memoria (desembocadura de "todas las historias parciales", dice), confirma la evidencia irrenunciable de lo que intento explicar: soy (somos) parte de un espacio oceánico, incierto, amplio, inacabable en extensión y en profundidad.

En consecuencia, para quien como yo ejerce lo que hemos convenido en llamar crítica literaria, el asunto reside en darse cuenta de que será imposible progresar (alimentar mi criterio que es mi responsabilidad) encerrado en (y sumiso a) una tradición que, según dicen, me identifica. Me siento en el deber de traicionarla, si quiero reconocer mi verdadera memoria: liberado de los intereses de poder que amarran y enraízan aquella presunta identidad a una topografía inviolable, abrir un espacio de escritura capaz de fecundarla. La reflexión agustiniana sobre el tiempo, evocada por Alejo Carpentier al remontar el Orinoco hasta sus fuentes, nos pone ante la memoria como vínculo con el pasado, mientras se da a la esperanza la función de clave o puente para alongarnos al futuro: complementarios que son, al propio tiempo, contrarios; pero que, gracias a esa doble condición, nos permiten entender el discurso de toda existencia, en especial de aquella que busca ser y sentido. Como la mía ahora, en mi indagación crítica.

Y me pregunto: ¿funda mi tradición literaria Antonio de Viana, representando aquel principio histórico como unión matrimonial (previa conversión) entre Dácil y el capitán Castillo, en sus *Antigüedades* (1604); o lo hace con más propiedad Bartolomé Cairasco al permitir que Doramas *reciba* al obispo Rueda (en su *Comedia*, de 1582) proponiéndole, y oponiéndole, su propia apariencia, su propio linaje y su propia palabra, en igualdad de condiciones? Que Doramas ha tenido que expresarse en español, no hay duda; pero es otro español, de nueva y más libre retórica, cuyas sorprendentes posibilidades expresivas eran impensables hasta entonces; no en vano lo ha infundido en la mente del caudillo grancanario aquel maravilloso brebaje que le suministran Sabiduría y Curiosidad. La verdad y autenticidad de esta tradición se manifiestan en tal encuentro, en tan significativo diálogo, en tan singular concurrencia. Y, mucho más, en la *traición* llevada a cabo por el escritor que opera en las dos direcciones, poniéndolas en entredicho. Nunca me ha parecido casual la forma en que el canónigo afronta su doble memoria: novedad del "canario cántico" y subversión del canon clásico, tan bien conocido por él, son parte de la misma operación literaria que es –al propio tiempo– necesidad de reconocimiento existencial. Sigo el camino abierto por Cairasco, donde veo que toda literatura surge en la conciencia de lo discontinuo, que es histórica, mudable, contextual; y me asomo por él hasta esa otra tradición, memoria y principio occidentales a los que –según la historia– también pertenezco. Pero no pierdo de vista, en ningún momento, la estrategia de nuestro canónigo lidiando con la traducción de Tasso, empeñado en sacudir la armonía del endecasílabo con sus descarados esdrújulos.

Descubro así que la ordenada y prestigiosa tradición clásica, aquella perfecta armonía que la define, ha sido traicionada desde dentro poniendo en evidencia su presunta seguridad incontestable. Instituida como verdad forzosa –legitimidad política y prestigio cultural dominantes– frente a toda interferencia o secreta distorsión de las representaciones conscientes. Orden de razón, para invalidar toda asimetría o arborescencia o regresión donde pervive lo más atrevidamente fronterizo y permeable de la herencia grecolatina: cosa de intemperie, del extrarradio, límite de sombras por donde se eludía (o donde se rechazaba abiertamente) la gravosa carga de la versión estatuida. ¿No había sido el influjo oriental lo que fecundó el mundo griego arcaico para otorgarle su plenitud clásica? La época helenística no supuso —como se quiso decir— la distorsión o degeneración de aquella plenitud (preguntemos, si no, a Cavafis); como tampoco el imperio romano de Oriente marcó la fractura perversa de la grandeza romana, como la historia nos propone. Se comprende, en fin, que el nuevo clasicismo obstruyera el camino a la libérrima mescolanza de lo *grotesco*, aquella forma artística propia también de la antigüedad que se pretendía recuperar, pero ante la que casi todos hicieron como si no.

Hacia 1343, Francesco Petrarca cumple su ascensión al Mont Ventoux, de la que da testimonio en su epístola a Dionisio da Borgo San Sepolcro, redactada hacia 1353 y uno de los textos programáticos del Humanismo: la ascensión como conversión espiritual. Pero el documento del florentino contiene, al propio tiempo, el reverso de tal seguridad: "habiendo contemplado bastante la montaña, volví hacia mí los ojos interiores, y a partir de ese momento nadie me oyó hablar hasta que llegamos al pie". No la conquista satisfecha de un saber que es poder; el descendimiento hasta la flaqueza y fragilidad del alma, certeza del límite de aquella razón autosuficiente heredada. Semejante propósito en el enconado debate sobre la interpretación de la Escritura a raíz de la Reforma, que Trento decide zanjar imponiendo la tradición doctrinal; o en las propuestas de Giordano Bruno sobre la poesía y sus reglas que —decía— "han sido recopiladas por quien no era poeta de ninguna clase de poesía (...) en provecho de cualquiera que quisiera convertirse (...) en simiesco imitador de la musa ajena"; lo que nos acerca, a su vez, a aquel otro debate sobre lo verosímil y lo maravilloso, protagonizado por el genio taciturno que fue

Torquato Tasso, por medio del cual llegaría hasta nuestro Cairasco, que lo abraza como experiencia existencial mientras el celo clásico (y castizo) de los escritores peninsulares apenas lo asume (digo el debate aquel) como mera cuestión teórica o académica. Antes que viciosa corrupción del orden clásico, el *manierismo* fue tránsito entre la presunta (e interesada) seguridad y la incertidumbre de lo fragmentario, lo pintoresco, lo vacío, abierta al abismo de la verdadera memoria.

El principio de mi tradición, la fundación más cierta de una memoria de Occidente en la cual puedo reconocerme, es esta confluencia fronteriza, nunca aquella armónica disposición que el canon estableció. El director teatral Paolo Magelli declaraba, no hace mucho: Europa "está aún secuestrada por el toro (…). Fue uno de los motivos por los que me fui de Italia; tenía un grave problema, y es que esta banca que es la Europa actual no comprende nada de las culturas… Europa, para mí, es Mesopotamia, Persia, Irán… Eso era Europa hace tres mil años y lo hemos olvidado". Significativa me parece, pues, la persistencia en el error de defender —todavía hoy— el principio mediterráneo de Occidente, siguiendo la vieja tendencia maniquea de ver el mundo dividido entre ellos y nosotros, entre creyentes y no creyentes, entre civilizados y bárbaros… Si me detengo y miro el trazado horizontal de nuestro Mediterráneo, cuanto en un tiempo fue esplendor, es hoy ruina; tanta riqueza intelectual, tanta sensibilidad creadora, vueltas en tosquedad, en primitivismo populista; la preocupación por una sociedad plural, petrificada en identidades nacionales excluyentes. Con no disimulada soberbia, se celebra la Antigüedad repitiendo tan solo su imagen irrecuperable, nostalgia de lo decaído propio, en vez de sustento vivo de la memoria común (pasto para arqueólogos y turistas, que tanto monta). Y cuando ese otro *insular* que es Cesare Pavese, en su frontero Piamonte que ama y desdeña con igual pasión, se decide por una lectura diferente de la memoria mediterránea, en trato libérrimo con los mitos griegos, no es entendido (y así lo lamenta él mismo) porque se sitúa, manifiesta y abiertamente, en la discontinuidad que pide ser toda tradición verdadera. Léanse sus *Diálogos con Leucó*.

¿Y lo que llamamos tradición *española*? No dudo de la energía y bellezas del arte de los Siglos de Oro; pero, siempre, fiel a la medida, a la proporción de ritmo y razón, en esa armónica exactitud. Creación que *cuenta*, que da una interpretación a cada cosa; orden conceptuoso de la escritura que cuándo se disgrega y se traiciona. Ejecutoria de la crítica: determinar formas que son referencias del recto camino que todos siguen (o deben seguir). Mi diálogo con lo español es otro. Con quienes como el Greco o Fray Luis de León interrumpen o traicionan la tradición. ¿O no es traducción y contrahechura, de los clásicos o de la Biblia, el camino del conocimiento para el profesor salmantino —del conocimiento que se hace experiencia existencial? ¿Y qué hizo el Greco sino orientalizar de nuevo la clasicidad? Mi diálogo con quienes, como los místicos o Cervantes, salieron del estrecho margen de las afirmaciones y se precipitaron por las laderas de la duda, de la interrogación, de la ironía. Con heterodoxos como Blanco White, que hasta duplicó en inglés su apellido; con Galdós, capaz de aplicar su mirada excéntrica a una historia y una sociedad que se niegan a asumir su conflictiva memoria, y se mantiene "con mil trabajos en aquel líquido medio corrompido".

Toda memoria que se ha pretendido fijar como tal, para mí un error; no puedo reconocerla (ni reconocerme en ella), pues su propósito ha sido, tan solo, ajustar una identidad nacional, la única válida y cerrada en sí misma, estableciendo con ella la verdad y autenticidad propias frente a las de otros, a quienes –aún hoy– se sigue teniendo por usurpadores, si bien bajo el disimulo de lo políticamente correcto. Leo la censura de un "proceso de simiesca *eliotización* y monotemática anglofilia", que nada quiere saber de "un dilatado conocimiento vivo de nuestra historia literaria y nuestro Siglo de Oro", y confieso cierto temor al oír el tono con que en el texto se repite ese *nuestro* admonitorio. Una tradición así ha venido proscribiendo (implícita o explícitamente) toda prolongación fronteriza y, por supuesto, todo intento de *traicionarla*. Estoy pensando en la sucesiva interrupción histórica del proceso de formación de la burguesía, para facilitar la prevalencia de un orden castizo, aun a costa del fracaso en que desembocó; estoy pensando, como he dicho tantas veces, en que no es don Quijote la personificación de lo español: los españoles son quienes le impiden ser quien desea ser y lo condenan por loco; estoy pensando, incluso, en escritores tan conflictivos y resistentes como el mismo Unamuno, como Lorca, como Cernuda... No minimizo con ello su valor literario. Digo que su debate nunca supuso *traición* de la tradición: expresión de un conflicto consigo mismo o con la sociedad y la literatura españolas cuyo principio jamás pusieron en entredicho. A ello se asomó, sí, el Cernuda crítico; y algunas vislumbres dejó anotadas.

Con el viaje atlántico, nuevo tránsito fronterizo, nueva *posibilidad* del mundo: lo prolongó y lo hizo dos. Por ese nuevo camino quise perderme para encontrarme. No reparé, durante mucho tiempo, en que la alternativa principio mediterráneo-principio atlántico podía ser en exceso simplificadora. Creyendo hallar allí la mitad faltante de mi tradición, un espacio natural de reconocimiento, me apliqué a la lectura de aquella nueva tradición y de aquella nueva palabra que, en primera instancia, parecían devolverme mi propio rostro duplicado... Cuanto más avanzo por el territorio de aquella literatura, y –sobre todo– cuanto más frecuento aquellos lugares (incluso desde una perspectiva insular), la conciencia de compartir una memoria común se debilita más y más; cada vez me dicen menos de mí: aquella posibilidad de algo abierto y nunca cuajado ni acabado, escondía (y esconde) un rostro complacido en lo propio, herencia de una tradición española no sé hasta qué punto contestada. Excepciones hay, claro está: propuestas de escritura que –desde dentro– también traicionan esa tradición, proyectándose como conciencia fronteriza. Digo, ante todo, la fundación modernista y su vigorosa fecundación literaria posterior.

Precisamente ahora veo a aquellos americanos finiseculares encaminarse a Francia; y tras ellos, muy poco después, a los neófitos del surrealismo, ansiando entusiastas, como los primeros, vivir la experiencia parisina. ¿Qué los mueve en realidad? Por supuesto, el prestigio de la Ciudad Luz, y el atractivo bohemio que Baudelaire había elevado a categoría poética, y aquel "vicio nuevo (...) hijo del frenesí y de la sombra" que anunciara Louis Aragon. Pero estoy convencido de que ambos viajes fueron consecuencia, ante todo, de la necesidad que el escritor hispanoamericano tiene de situar su palabra en aquel espacio fronterizo, en aquella demasía, en donde se estaba consumando la *traición* definitiva de la tradición europea, iniciada por los románticos hacia fines del setecientos. Situar allí su palabra y sorprenderse de cómo, al hacerlo, su identidad quedaba definitivamente iluminada. "Tal vez fue necesario, para darse cuenta de ello, venir a Europa y mirar desde aquel cerrado armario de valores lo ajeno y original del mundo americano" –escribe Arturo Uslar Pietri, en el 28.

Irrupción, en cualquier caso, de nuevos *bárbaros*, extranjeros que –como nos había enseñado la historia– hablan una lengua diferente, difícil de entender para los presuntos *civilizados*. Para mí, antes que eso, un empuje vertical, energía inesperada que abre brecha en el manso discurso horizontal de la tradición mediterránea, completando de esa forma la identidad y memoria –necesariamente doble– de Occidente. Como los primitivos pueblos del norte, los románticos bajan hasta los linderos últimos del mundo clásico, conscientes también de su *carencia*; no se detienen ante el sólido edificio de la cultura fijada y excluyente; pasan al otro lado y ahondan en el espacio milenario de los mitos, aquel tiempo oscuro que la razón había abolido de forma radical. Un descenso hacia el abismo ontológico, laberinto boscoso y no claridad solar. Allí completarán la vida, pero sin renunciar a su ser: una experiencia existencial de entrega que no es derrota sino conjunción y confluencia de las dos vertientes, dos orillas de ese Danubio, no tan metafórico por cierto, del triestino (otro fronterizo) Claudio Magris.

A medida que avanzo por aquel espacio singularmente europeo, que poco o nada tiene que ver con la Europa que *nos vende* (sic) una "nueva clase chabacana (…), indiferente a todo valor democrático y civil, al propio sentido del compromiso del político como valor y a cualquier idea (…); clase política –y no solo política– con la conciencia abotargada (…) de paletos morales alentados por la desaparición de la elegancia" (Claudio Magris). Cuanto más habito y reconozco tal espacio, más y más revelador me resulta: en él, la interpretación de la memoria compartida se realiza como natural (y necesario) debate con la misma. Exactamente, el proceso seguido por mi lectura y escritura críticas para indagar en mi identidad. Porque el movimiento vertical del que hablo no solo describe una ruta geográfica; sobre eso, desvela una valoración poética del tiempo, aparejo con el cual mi escritura quiere dar testimonio de una experiencia similar. ¿No ingreso yo en esa memoria desde una complementaria verticalidad; no son, los míos, malestar y extranjería en busca también de concurrencia y debate? En el romanticismo centroeuropeo reconozco la misma continuidad en la discontinuidad que me asiste: aportación de una palabra atrevida y corrosiva con que hacer frente, sin reparo alguno, al saber solapadamente reforzado y defendido por la tradición. Reconozco igualmente en sus propuestas que solo con una conciencia de "autolimitación o autodeterminación (solo a través del tándem decisión-renuncia) es posible alcanzar la infinitud verdadera, el Absoluto" (Eugenio Trías).

Habiendo sido la Reforma (escisión o disidencia) su principio histórico, su identidad se mantuvo siempre en suspenso, como necesidad de cumplirse en permanente debate con la relatividad de la verdad. Que es ese, sin lugar a dudas, el que yo entiendo principio también de mi historia insular. Frente a la autoridad inalterable del texto, la experiencia estética como manifestación de una experiencia existencial, siempre necesitada de habitar la *demasía*. ¿Qué es, si no, el *canario cántico* para la fundación de nuestra literatura? Con un añadido que quizá hayamos menospreciado, pero que entiendo elemento imprescindible para la búsqueda que me he propuesto: que lo personal, e incluso lo nacional, reclama con urgencia (y así lo proponen ya aquellos románticos) la prueba de fuego que supondría encararlo a la dimensión de una "memoria inmemorial" que, según Maurice Blanchot, "se origina en los tiempos *fabulosos* (…), en esa época en que el hombre parece recordar lo que no supo nunca". Más allá, pues (y rompiéndolo), del círculo cerrado donde la historia (el poder) busca refugio. Rapto que solivianta, por ejemplo, a Hölderlin, y lo traslada a las puertas mismas de Asia, esa extensión "dispersa en todas direcciones" sobre la llanura incierta del mar, aproximándolo así "a su sombría gruta", como leemos en "Patmos". ¿Acaso debo indicar las coincidencias, aquí de sobra explícitas, con el imaginario poético de nuestra literatura más cercana?

Y si atiendo a su navegación por "El Archipiélago", Grecia no está allí para provocar el éxtasis ante su bella perfección clásica, como se nos dijo; es el espacio faltante donde será posible ajustar la humanidad a las potencias profundas de la existencia. Lo mismo que Goethe, o que Byron y Shelley, Hölderlin *bajaría* al Mediterráneo con la convicción de que el genio griego tiene su raíz "en el fondo elemental y orgiástico de los pueblos orientales"; de que "por mucho que se eleve el hombre clásico a la claridad representada por Zeus olímpico, no puede dejar de *recordar* con agradecimiento el *seno oscuro* del que nació" (Luis Díez del Corral). Subrayo recordar, por su cercanía etimológica con *despertar*; subrayo seno oscuro, por cuanto abre el abismo total de la memoria más cierta. ¿Qué interesada convención nos ha trasmitido una imagen de la originalidad romántica desvinculada de la tradición, cuando es verdaderamente culminación –bien que crítica– de la misma? "Si no extendemos la mirada fuera del círculo de nuestro propio medio, fácilmente podremos caer en una infatuación dantesca", había sentenciado Goethe. Y hube de desempolvar sus conversaciones con Eckermann.

Pero también me volví hacia la fundación literaria de la otra modernidad europea, la en apariencia carente de tradición, necesitada de ella. En Rusia, en Escandinavia, en Irlanda, poetas y dramaturgos (sobre todo, poetas y dramaturgos) obsesionados por hallar una palabra con que identificar su propia memoria. Y cómo hacerlo sin que Ibsen —por ejemplo— viaje a Italia y —en medio de tanto esplendor solar; en aquel *mundo*, en el genuino sentido del término, según Goethe— se le revelen las que habían sido sorprendentes "catedrales de hielo". Cómo sin que Strindberg atraviese los caminos que desembocan en el infierno de la conciencia individual; o sin que los dramaturgos rusos e irlandeses tomen posiciones ante la diversidad o complejidad de la verdad. Conflicto y diálogo que reproduce la frágil pero vigorosa palabra de Osip Mandelstam, en su *Conversación sobre Dante*, que me enseñó tanto en aquellos días de otoño que compartimos. No, no lo olvido; ni a María Tsvetáieva ni a Anna Ajmátova: tan próximos (y prójimos) los tres, como los reconozco. Completé mi incursión por el mundo de Thomas Mann, iniciada hace muchos años, alongándome ahora hasta las turbulentas honduras de su *Doktor Faustus*, donde me vi; o a la fundación bíblica de su *Jacob*, donde reconocí la demasía que me sustrajeron, aquel viejo tapiz de la memoria que es el libro del Génesis, por donde también Dante y Milton, Bach y Händel nos enriquecieron permitiéndonos acceder al sentido mayor de nuestro principio histórico. Lo explica muy bien, *para mayores de cuarenta*, la norteamericana Willa Cather, con quien animo a compartir velada.

He recuperado, con recurrente tenacidad, el período literario de entreguerras. Otra frontera y otros fronterizos en el duro empeño de reconocer su manquedad y prolongarla en esa demasía de la tradición. Más allá de sus rasgos tópicos, el expresionismo me es territorio muy familiar, aun en su quebradiza y arriesgada configuración. O tal vez por ella. ¿No llegó *Alonso Quesada* hasta aquellos linderos, en su última, truncada escritura? Para mí, más mío que el surrealismo que se nos adjudica: en aquel actúa un componente reflexivo y crítico instalado en su orgánica configuración; ritmo, acento peculiar que no cede al disimulo de la *carencia*: grito de lobo o risa descabalgada de toda gregaria inconsciencia. Nada de esto en el surrealismo, creencia, fe, una verdadera *iglesia*; dígalo, si no, la reproducción seriada de sus ecos epigonales que se repiten hasta la extenuación. Desde este discrimen, he dicho tantas veces que toda verdadera literatura quedó detenida en los años treinta del pasado siglo; y no lo afirmo porque sí. La palabra de Walter Benjamin o de Robert Musil, por ejemplo, fue silenciada, con presteza y eficacia dignas de mejor causa, por quienes tan bien nadan y guardan la ropa, esos "comosedebe" y esos "comosequiere", optimistas criticones (nunca críticos) que solo saben hablar con slogans. Son palabras del propio Musil. La *doble vida* de Gottfried Benn se alza, con aguda intencionalidad, frente a ese lenguaje fosilizado "que oscila entre la deformación consciente, la falsedad premeditada y la simple exageración (...), a medio camino entre la estupidez de un papagayo que quiere ser ocultada y la preñante concisión de un viejo refrán". ¿Habla el poeta alemán solo de su tiempo; nos propone Musil un comportamiento exclusivo de setentitantos años atrás?

Por ahí me ronda ese incansable paseante (¿hacia ninguna parte?) que es Robert Walser, a quien encontré por casualidad y no pude dejar, y ahora nos une tanto. Dijeron que loco, y lo apartaron del mundo como si lo fuese. Cómo no entrar en tratos con Georges Bataille, lo mismo en sus propuestas de lectura que tanto frecuenté, como en el debate mayor, fragmentado y balbuciente, de su escritura de madurez; cómo no hacer sitio a Maurice Blanchot (ya lo hemos oído) en esta conversación donde trato de dilucidar la responsabilidad de mi escritura crítica dentro de mi tradición... Coincidencia en que la palabra no es instrumento aséptico para el análisis, sino rigurosa manifestación del debate existencial. Ninguno —ni aquellos ni estos— ajeno y lejano. Llegados al límite —que es orilla del insondable espacio de la memoria— no se avienen a la cómoda posesión de un saber, al amparo tranquilizador de una herencia incuestionable: arriesgan el suyo para "aprender a *ver* más, a *oír* más, a *sentir* más", como dijera —contra la interpretación— Susan Sontag. Ella, sin embargo, subraya los verbos; yo lo haré con el adverbio; y no en tanto cantidad, sino como indicador de esa *carencia* que a todos los detuvo, de forma abrupta, para desplazarlos luego, sin contemplaciones, hacia un *no-saber*, *no-decir* que los comprometía.

Afrontada así la crítica como relectura y reescritura de la tradición, no puedo reconocer mi oficio como mero ejercicio de interpretación, si por esta debemos entender la aplicación de un determinado método, o de una teoría adecuada, capaces de salvar todos los escollos que se presenten en el discurrir de la misma. Quienes pasamos por la esterilizadora experiencia del estructuralismo, deberíamos estar curados de espanto. Oigo, por cierto, a Vattimo recordando "el riesgo de que lo específicamente hermenéutico se diluya sin ofrecer su aporte genuino a la cultura". Cada día me convenzo más (y de ahí mi alusión inicial a la madurez) de que una lectura y una escritura de verdad críticas establecen un *exterior* de la tradición, un punto dialéctico de conflicto y referencia; abren un "umbral de vacío hacia otro lugar" y, situadas entonces frente a la seguridad del sentido común, se atreven a negarla en su prolongación hacia el ámbito lleno de la memoria en la cual acabamos descubriendo que habitamos.

Tensión entre el sujeto y ese *exterior*; un cruce de lenguajes: mi rostro en el de tantos; mi palabra, entre tanta, disponible ya para decir lo que me cumple decir con insospechada fluidez (que no tiene por qué ser simple linealidad, ni discurso cerrado; que debe ser todo lo contrario). Estas posiciones subjetivas posibles no se adoptan para conseguir una *representación* de la tradición, sino para ponerla en entredicho; por eso, en vez de plantear el diálogo desde mi propio horizonte de pre-conceptos, he procurado siempre abrir un debate que me subsuma en la alteridad de esos otros, abandonando todo condicionante previo y abordando lo nuevo como horizonte de sentido. Más que una actividad hermenéutica, desarrollo una propuesta erótica. Así me veo, yendo, *yéndome*; no estando, ni trayendo: coloco mi perspectiva en diálogo, pero ni la cedo a otros ni niego las suyas (¡qué poco intelectual una postura así!). No interpreto, me identifico; no resuelvo discrepancias, las aliento, porque son ellas las que iluminan la energía de toda verdadera tradición; son ellas las que me abren el camino de la memoria donde superar los significados establecidos; porque cualquier obra que no cree desconcierto e inquietud, cómo podrá alcanzar semejantes confines.

Esa, la feracidad del pensamiento, la riqueza compartida del lenguaje que, al dejar en evidencia la seguridad soberbia de toda construcción sancionada por el poder, permite a la escritura que leo, pero también a la que propongo como respuesta y con la cual busco reconocerme; le permite —digo— ser en vez de significar; y serlo todo, "pero sin contenidos o con contenidos casi indiferentes, y así [alcanzar el poder] de afirmar juntos lo absoluto y lo fragmentario, la totalidad, pero en una forma que, al abarcar todas las formas (…), no realiza el todo, sino que lo significa suspendiéndolo y hasta rompiéndolo" (Maurice Blanchot). No puedo asumir la propia tradición en la cual me reconozco, negando las otras que también me han hecho (tarea reaccionaria y asfixiante que cegaría todo camino), si de lo que se trata (y de eso se trata) es de explorar de forma recta (ello es, crítica) la memoria total que somos, que nos ha hecho como somos.

MI DEDICACIÓN PROFESIONAL Y VITAL –no descubro nada; he procurado explicarlo– ha sido la crítica literaria; mi trabajo, en consecuencia, la lectura y la escritura; algo que nos pone en contacto con el suceder del tiempo y con las abruptas interrupciones que el escritor –sobre todo, el poeta– impone a ese curso horizontal al que obliga la disciplinada estructura de la lengua y que es, en algunos casos, permanencia, perdurabilidad. Digo, naturalmente, en los casos cimeros de la historia literaria, desde los rudimentarios cantos primitivos hasta los más sofisticados estilos de la modernidad; contando, eso sí, con las variables que las articulaciones históricas o la biografía del autor imponen en cada caso. Yo, en consecuencia, siempre me he visto enredado en ese laberinto, luchando a brazo partido por salir airoso de una experiencia que lleva de perplejidad en perplejidad. Me habrán de excusar, pues, que personalice, y de forma tan descarada. Pero sucede que, en esta ocasión, me puede la responsabilidad y debo comenzar disculpando mi intrusismo en dominios en los cuales me reconozco apenas un aficionado, o un entusiasta atrevido: dominios estos del espacio; ello es, donde el tiempo prodigiosamente se detiene, y se abre en verticalidad poética porque no adopta un orden de discurso, sino que se concentra –de pronto– en una maravilla presente, estallido que mueve a contemplación y obliga a mantener una relación muy diferente con la obra creada.

Cuando reviso su etimología, la palabra *museo* me remite a lugar de las Musas; es decir, a un sitio o espacio habitado por seres –mitológicos, de acuerdo, pero seres al fin y al cabo– cuya condición tiene que ver, además, con el espíritu de las aguas (transparencia más que curso; profundidad más que desembocadura) y cuya función es animar y proteger la creación, esa energía de la inteligencia humana. Lugar, por tanto. Mas no de confinamiento o apartamiento, sino de convivencia en las fuentes del espíritu, para atravesar la superficie de las cosas y abismarnos en su complejidad de *mundo*. Vuelvo sobre el significado de la palabra, y museo –se dice– es lugar donde se *conservan* aquellos objetos que mejor ilustran los fenómenos de la naturaleza y las actividades del *espíritu* del hombre, de modo que puedan servir al desarrollo del conocimiento. Con la malversación sufrida por las palabras, en esta época nuestra de utilitarismo desmesurado, de *usura*, como predijo Ezra Pound, vemos "conservar" y oímos "espíritu", y ya la tenemos armada. ¿No quedamos –dicen unos– que esto del espíritu es ya inadmisible –o sospechoso– en medio de la enrarecida atmósfera secular que respiramos? Solo diría –y no vamos a entrar ahora en ello: no es el momento– que preguntáramos a Ludwig Wittgenstein. Somos modernos –afirman los militantes del progreso– y no podemos permitirnos ni la más mínima regresión *conservadora*. El mismo Theodor W. Adorno –a quien nadie podrá tener en poco– ya dijo que lo contenido en los museos era parte de cuanto ha perdido su relación vital con el contemplador, aquello que está en proceso de extinción, y por eso debe "su preservación más al respeto histórico que a las necesidades del presente"; se atreve a concluir que son "sepulcros familiares" para las obras de arte. Ya dije que la teníamos armada. No soy quién para corregir al filósofo; y es verdad lo que dice. Aunque creo necesarias ciertas matizaciones. ¿Cómo se puede hablar, en cuestiones de arte y pensamiento, de necesidades coyunturales que subvenir? Yo nunca diría que *Las Meninas* –por poner un ejemplo tópico– está allí, en su sala del Prado, en Madrid, esperando a que alguien lo contemple porque así cubre una necesidad.

Sería irreverente. Y, si no queremos solemnidades, se trataría, cuando menos, de una torpe trivialización de ciertos valores que todos compartimos como seres humanos.

Me paro a pensar y digo si no será esto –además de esa perversión del lenguaje– una muestra más de la mala conciencia que arrastramos –falso pudor ideológico– y que nos hace entender ese verbo –conservar; o sus derivados: conservador, conservadurismo– solo en su estrecho significado político, y maniqueo, que lo empareja y opone a progresar y a progreso y a progresismo. No está bien visto que una actividad presuntamente conservadora sea difundida y apoyada por quienes han de declararse progresistas para siempre *au dessus de la melée*, como el Mairena machadiano dijera con su sorna castiza. Hasta para nombrar el oficio de conservador de un museo, se está imponiendo ese terrible barbarismo, *curator*. El caso es no herir susceptibilidades. Me paro a pensar –intentaba decir– y me veo en la necesidad de ser sincero conmigo mismo, sin importarme demasiado la etiqueta ni la corrección política que nos acosa, curiosamente, de forma más agresiva cada día, aunque bien que presumimos de informales, de cercanos, de iguales. Y si quiero ser sincero, como quiero, yo entiendo el museo –y así actúo en consecuencia, cuando los visito– como lugar de la memoria hacia el cual viajamos para vernos, cara a cara, con nuestra tradición; un espacio –nunca se olvide– que es espejo de cuanto somos y que, por lo tanto, no puede dejarnos en esa actitud –más bien pose de *snob*– de asombro neutro ante la belleza, pues esta tampoco es nada sin la vida que contiene, o de la cual ha nacido en forma de milagrosa creación. Espacio –creo haberlo dicho ya– de convivencia; lugar propicio para un *banquete*, al modo platónico: placer que mueve al diálogo y al debate, en torno a una mesa de comunión.

Esta imagen, en blanco y negro: un niño, de la mano de su tía, asciende por la calle del Doctor Chil, desde Reyes Católicos; pasa ante la iglesia de los Jesuitas y el Seminario (bullicio aún de intonsos en el patio) y accede —siempre de la mano de su tía; ahora se aferra a ella con más fuerza que es temor— al chaflán de Doctor Vernau; con la torpeza de sus pocos años (¿cinco, seis?), sube la breve escalera e ingresa en otro mundo. Allí, para él, el tiempo se detiene bajo las claraboyas de los patios, como detenidos están aquellos animales imponentes (por grandes, porque imponen) que lo miran, con insistente arrogancia, desde el cristal negro de sus falsas pupilas. Apenas alcanza a los pupitres y vitrinas, pero se alza sobre las puntas de sus pies para ver, para mirar con fruición aquel mundo quieto, poblado por seres tan singulares. Para él desde luego lo son: escualos o rebecos, insectos que se multiplican increíbles en forma y número, tras cristales altos. Todo allí, y en ese momento. Y tanto. Nada sucede: se abre una deslumbradora maravilla que se extingue al volver a la calle; y el niño, entonces, se restriega los ojos como si acabara de salir de un sueño poblado de prodigios. Lo de acercarse al piso alto y ver envoltorios de muerte y piedras e ídolos de curiosas formas e inscripciones, vendría más tarde, con el lógico temor infantil a rostros de cuencas vacías y dientes tronchados; por tanta mojama milenaria quedó conjurado dicho temor al considerarse mayorcete y aceptar la prueba: una iniciación.

El technicolor, mucho después. Visitas matinales de domingo, que eran viajes a la luminosidad y el rumor de patios encantados, olores a tea y graznar de aves de trapo, en la Casa de Colón: había barcos y mapas y tapices; y un pozo entre arreos de hierro; y en la cripta, muerte. Pero arriba se abrían a la luz salones y muebles coloniales, y pinturas, por donde enlazar –algo más tarde– con la solemnidad y sensualidad modernistas del museo de Néstor: rotundo placer visual del dibujo envidiado, que siempre volvía a contemplar para aprender. Por la atmósfera, más que por otra cosa. El suceder y el bullicio, fuera; dentro, concentración de mirada y pensamiento en trazo y figura; ojo clandestino, entre cortinajes, para descubrir "la cristalización de una parte de [él] mismo, privada, no pública". Así lo reconocería, mucho más tarde, leyendo a Ortega y Gasset. El Prado no fue, en su caso, el entusiasmo de Alberti. Una visita mucho más respetuosa: un baile grandioso y de pontifical, en Palacio. En Amsterdam acompañó, durante horas, a los malencarados de la *Ronda de Noche*, en su tumulto barroco, como si regresaran de una fiesta más bien (meditaba "entre la sombra y la luz sobre la misma interrogación" del artista); llegó hasta los síndicos reunidos en asamblea, que le miraron con sorpresa; se acercó, respetuoso, a los doctores en su *Lección de anatomía*, que ni caso le hicieron: para los unos, satisfacción del dinero y orgullo del poder (que no se los arrebatara aquel intruso llegado de vaya usted a saber dónde); para los otros, curiosidad del cuerpo y su despojo en un banquete de sabiduría (qué les iba o les venía todo lo demás). En lugar del Metropolitan o el MoMa (con su *Guernica* y todo, por entonces), Nueva York sería la Frick Collection, en una calle lateral y en un edificio sin apariencia de templo, como sucedía casi siempre: hogar burgués de fortuna hecha a pulso. Y, de pronto, en el centro de todo Londres, la Venus del espejo, celebración de Velázquez para celebrar la vida de ese cuerpo de espaldas, que hace carne misma las sombras amables de sus muslos con la transparencia de sus venillas azules; caída exacta de las nalgas por su peso... El museo, como la casa: cuando es recatada intimidad, cuando propicia esa "criba y discriminación de nuestras ideas, afanes, fervores, y aprendemos los que son de verdad nuestros y los que son anónimos ambientes, caídos sobre nosotros como la polvareda del camino", por decirlo también con Ortega y Gasset.

Da igual que se entre en una modesta casa de la calle del Cano o en esa otra, menestral, del poeta. Volver a un museo debería ser siempre como volver a casa, en el sentido que digo; porque no me hallo en lugar ajeno, he sido invitado a participar de la vida que ahí está y ahí se conserva; claro que se conserva, permanece porque es parte de la mía, y muy íntima y silenciosa, donde centrarme y concentrarme. Da igual que se ascienda por anchas escaleras de piedra que desembocan en salones regios; con sus habitantes comparto la hermandad de la historia. Y ese tal don Diego, sevillano, me mira desde su propio taller y casi no atiende a los reyes que lo visitan (que han sido también monarcas míos), como si nada. Mientras, un don Francisco terrible, presa de su sordera, que ni siquiera puedo cruzar dos palabras con él; aunque su indignación es la mía. Hasta un griego exiliado deja el medallón increíble de un caballero anónimo que mira y se le sale su espiritualidad del pecho, que la mano no acierta a refrenar... ¿Casa muerta, un museo? ¿Cosas muertas en un museo? Nunca, si se entra en él como el niño de mi memoria, una y otra vez en busca de descubrimientos (no entiendo a Renzo Piano: para defender el proyecto de su factoría del Beaubourg parisino, ¿cómo nos dice que quiso olvidarse del viejo museo que intimidaba a las madres y espantaba a los niños", porque eran tristes, polvorientos, esotéricos, hechos para una élite? Temor, espanto, misterio, formas de nuestra incuestionable fragilidad, por las cuales aprendemos vida). Nunca, si entramos en él como en una casa, y compartimos el lugar (hogar) con quienes lo habitan.

Claro que esa relación, que dije convivencia, pide tiempo; detenernos con parsimonia y pensar cuidadosamente será imprescindible, si de reconocernos se trata. Por eso, de nada vale simplemente ir, y hacer luego ostentación de haber estado, de lo que allí había y vimos, como un privilegio: importa, por encima de eso, la huella que nos deja, donde recuperamos la nuestra, fijada en los senderos de la memoria. "Los grandes creadores –ha escrito Albert Camus– son aquellos que, como Piero della Francesca, dan la impresión de que (...) todos sus personajes (...), por el milagro del arte, siguen estando vivos aunque hayan dejado de ser perecederos". Y advierte, además, que "las manos del verdugo durante la flagelación, [o] los olivos en el camino de la Cruz" no fueron, en su momento, ni siquiera mirados de soslayo, "pero helos aquí representados, arrebatados al movimiento incesante de la pasión, y el dolor de Cristo, aprisionado en estas imágenes de violencia y de belleza, grita de nuevo todos los días en las salas frías de los museos".

Cuando Paul Valéry nos explica que un museo tiene algo de templo y de salón, yo reconozco el sentido comunitario y compartido de esta experiencia que en el museo puedo vivir; cuando añade que es cementerio y escuela, oigo que nos aclara que allí se deposita vida, verdadero mundo en el cual aprendemos que, gracias a la entrega de los otros, hemos podido ser. De otra manera no se comprende la actitud titubeante y ansiosa que el poeta francés declara adoptar cuando ingresa en aquel espacio: "¿he venido a instruirme –se pregunta–, a buscar encantamiento o a cumplir un deber y a actuar conforme a lo conveniente?". En esa frontera dubitativa, como alongándose a lo inesperado; porque también, ante ese conjunto de obras maestras, "es preciso comportarse –son sus palabras– como un borracho ante los mostradores", con idéntica pasión por la ebriedad. No gusta que se diga, pero el arte no puede ser vivido, y gozado, de otra forma en este tiempo. No es cuestión –como falsamente se cree– de ponerlo al alcance de todos, sin más, como ahora se pretende al democratizar de modo mendaz su relación con el público; no me parecen compatibles los términos museo y sociedad de masas y consumo, por muchas fórmulas que se habiliten para justificar tal matrimonio, y por mucha buena voluntad que se ponga en ello. Escribo estas líneas y el poeta ruso Joseph Brodsky, que mira por encima de mi hombro lo que escribo, me advierte: "debemos tener presente una cosa: el arte no es una empresa democrática (…), el principio democrático que tan necesario es en casi todas las esferas de la vida humana no puede ser aceptado al menos en dos de ellas: ni en el arte ni en la ciencia".

Al socializarse, la vida toda ha debido ceder el privilegio de la intimidad, ese estado de recogimiento y silencio que ni siquiera la casa, el domicilio familiar, ha podido salvaguardar, invadido como se ve –permanentemente– por el ruido y la furia que han acabado por convertirnos en pasto barato para la mirada vulgar y miserable de cualquier *gran hermano* que a bien lo tenga. ¡Pasen, señores, pasen! Como desde el primer tercio del novecientos adelantara Ortega y Gasset, "una delicia epidémica de sentirnos masa" nos mueve, y nada podemos ante ese peligroso instinto gregario que nos hace manejables y manipulables; "faena pavorosa", dice nuestro filósofo, que consiste no solo en que lo mío pueda ser de los demás —esto sería bueno y hasta saludable—, sino que me obliga a que lo de los demás sea mío, despojándome de mis más firmes convicciones, para que ideas y gustos nos uniformen en los volubles escaparates de la moda, de las modas. Por eso decía incompatibles los términos museo y sociedad; por eso, digo ahora, la solución no creo que esté en acentuar o exagerar, en irse hasta la desmesura del asombro *espectacular*, hasta la consabida avidez numérica de la multiplicación, para convertir así a los museos en *grandes almacenes*, donde la cultura y la creación artística anden siempre de saldos, semanas de oro y otras oportunidades que usted no debe dejar pasar. Poco o ningún interés, sin embargo, por entrar en contacto y diálogo con el pensamiento y la creación; con la vida, con la historia, que allí queda como huella indeleble.

Leo lo escrito hasta aquí, y se acrecienta el natural pudor de quien reconoce sus limitaciones en esta materia. Debo dirigirme a quienes saben, acudir a algunos expertos y solicitar su ayuda. Descubro entonces, con satisfacción, criterios coincidentes: hoy —dicen— los museos parecen ser espacios creados para lucimiento de los arquitectos que los realizan; se pone todo el énfasis en el continente y nadie parece interesado en conocer lo que dentro de esos museos se aloja, o qué obras habrán de contener. Edificios espectaculares para honra y fama de las ciudades que les dan cabida y asombran al visitante con su monumentalidad; que se espera difundan así el nombre de la ciudad y de la nación por todo el mundo, puesto que hoy nada ni nadie es, si no tiene sitio en la gran fotografía mediática: un orgullo provinciano que nos ha movido siempre —en este país de países llamado España— a mirarnos el propio ombligo y no levantar la vista mucho más allá de nuestras propias narices o de la punta del muelle, según el lugar en donde estemos. Que el museo es espacio, lo vengo repitiendo desde el comienzo; que se debe dotar a ese espacio de las mejores condiciones técnicas, y de la dignidad y prestancia necesarias para su función, no seré yo quien lo niegue. Pero el verdadero reto está en saber para qué se hace el museo, qué habrá de acoger esa casa encantada y común; por eso digo que este lugar debe ser, por encima de toda otra cosa, habitable, y no pretender que nos imponga, o caiga sobre nosotros, su desmesura. Un lugar que puede ser un caserío de montaña, donde arte y naturaleza se encuentran y crean una atmósfera de acogimiento familiar (¿mejor lugar ese "museo vivo e íntimo, como autorretrato de [una] pasión creadora"?); que puede ser hasta un bosque de árboles pintados, que la barbarie destruye porque es símbolo de encuentro en libertad (ese capricho, la huella del artista).

Pero qué se me da que sea salón o corte, como los grandes, si también me convocan a la vida de siglos anteriores, donde el arte nacía y ahora habita; o que sea una casa encantada, de vidrios emplomados de colores, lujo decadente, habitada por muñecas, sobre el Tormes. Lugares —unos y otros— "donde recogernos, para ver y pensar el paisaje [y las formas] por dentro", como ha dicho en alguna ocasión Kosme Barañano. Pero puede que sean —mirando por el revés— *fábricas* que desacralizan los edificios clásicos y la solemnidad del arte, para poner en marcha una nueva fiesta de los sentidos: lugar de paseo y encuentro común y curiosidad multiplicada: más un juego que la seducción de la tecnología. Por este segundo camino sucede, sin embargo, que la cosa puede resultar productiva; y mejor el negocio y sus cifras que aquella silenciosa y demorada conversación. Se habilita, entonces, para justificarlo, un discurso sobre la maravilla de *lo ac-*

tual, sobre la necesidad de dar a lo efímero categoría de imperecedero, antes de que la conquiste por sí mismo. Porque, cómo puede este tiempo nuestro desdeñar el arte que produce, cuando reyes y príncipes, mecenas y nobles señores de las grandes épocas del arte, hicieron sitio y protegieron lo que entonces era una creación en agraz. Ya digo, coartada; pura tautología. Detrás, el impulso económico; el objetivo único, la rentabilidad; por eso, los debates sobre la función del museo giran hoy, casi en exclusiva, en torno a las cifras del presupuesto o al número de visitantes con el que se pueda contar, que –por cierto, suelen *pasar* por el museo, pero este casi nunca pasa por ellos. Una aberración. Por descontado, algo tan serio como la conservación del patrimonio histórico no podrá sostenerse solo con buenas intenciones; no soy tan ingenuo como para pensar eso. Pero reduciéndolo todo tan solo a un asunto de números, ¿tendrá el museo más vida; será más democrático el arte que contenga cuando –como los partidarios del espectáculo desean– lo importante para ser adquirido y contemplado sea solo aquello que *cotiza*, y al público se le reserve, únicamente la función de *clientela*?

Mejor será reconocer, aunque sonroje, que al museo se le cuida porque resulta ventajoso, además de como marca o logotipo de una ciudad, para dar una cierta rentabilidad política, al margen de su verdadera función. Y mientras, lo que no parece despertar la atención de esos responsables políticos es una educación artística en profundidad, como parte de la experiencia que supone enfrentarse a la vida. Entre nosotros, siempre –y ahora, en la hora del guirigay de las tecnologías, mucho más–, esto de la espiritualidad, de las humanidades, ha sido sinónimo de debilidad, cuando no de asunto sospechoso por inútil, y siempre secundario y hasta prescindible, a la hora de planificar cualquier acción política o de llevarla a efecto. Los nuevos y espectaculares museos que han proliferado por las ciudades españolas, a mayor gloria de una gestión cultural de ocasión, tienen como objetivo primero el exhibirse a sí mismos, no son otra cosa que fruto del espíritu de un tiempo de apariciones mediáticas, efectos especiales o fuegos de artificio: pólvora en salvas. No nos rasguemos, sin embargo, las vestiduras: no otra cosa ha sucedido, por ejemplo, con la magia del cine o con ese espejo crítico de la sociedad que debería ser el teatro. Sé que se me tildará de heterodoxo; pero no lo digo como simple censura o descalificación; mi deseo sería que nos parásemos a pensar un poco en todo esto, quienes tienen la responsabilidad y quienes somos los destinatarios de esa acción cultural. Que nunca será tiempo perdido, ni siquiera con la urgencia de esos cuatro años terribles que soplan a la espalda de los padres de la patria. No soy tampoco técnico en estos asuntos de gestión cultural; aunque desconfío —y a las pruebas me remito— de que estas cosas se solucionen sumando burocracia a la burocracia. ¡Cuánto lamentamos —y se criticó tanto— la ortopedia macroburocrática de los regímenes totalitarios, para venir a esta que deja en pañales a los estalinistas y macarthystas más avezados!

Solo puedo aportar mi experiencia de visitante asiduo, que entra en los museos para mirar y pensar y sentir, sin que me atosiguen, a solas frente a tanta memoria compartida. Y digo que desconfío de "un edificio con un altísimo poder de seducción [para] el turismo cultural" (otra expresión que me hace torcer el gesto); que desconfío de esas superexposiciones que generan largas colas de visitantes en torno a los museos, pero donde el visitante —perdón, el cliente— tiene el tiempo justo para entrar, pasar y salir, y decir luego que ha estado, y que está *al día*. Y hasta la próxima. Cuanto el museo contiene y ofrece de forma continuada, le trae literalmente al pairo... Me satisface coincidir con el profesor Jaime Brihuega, de la Universidad Complutense, cuando explica que toda esta perversión es producto de un progresismo de plástico y mal gusto que, en los años ochenta del siglo pasado, hizo del arte tan solo "un fenómeno de masas, fundiéndose la idea de museo con la de parque temático (...) Además –sigue diciendo– es rentable como un espectáculo de modernidad y culto". Rentabilidad, espectáculo, culto, los tres vértices dentro de los cuales se ha acomodado el mercado del arte. Y todo ello, insisto, en nombre de una apuesta progresista para la cultura y para la política, lo que es todavía mucho más grave. No está muy lejos, esta torpe manipulación, de aquella otra que, en los setenta, con el *aggiornamento*, puso en marcha la Iglesia católica dando la liebre de la espiritualidad por el gato de los nuevos ritmos y lenguaje litúrgicos pseudosecularizados que de nada sirvieron para atraer a los fieles más renuentes: la seriedad del compromiso religioso, saberse miembro de una comunidad de fe, no puede enmascararse tras aquella teatralidad más bien vergonzante.

Nadie me podrá convencer (y volvemos a lo nuestro) de que la dichosa *movida*, y la cultureta más bien hortera que generó, no vino para desnaturalizar del todo una creación artística a la cual el dictado de las ideologías, primero, y la avidez consumista y mercantil, más tarde, habían despojado de su libertad y de su verdadero vigor imaginativo. Fernando Castro Flórez me ayuda, con su abierta beligerancia: al igual que el franquismo fió en esas grandes obras públicas que fueron los pantanos la redención de tanta violencia civil, "la democracia del aburrimiento catódico –son las palabras del profesor Castro Flórez– ha encontrado que el museo es el monumento propio de la cultura del simulacro"; ventajoso, además, para una política cultural que camufla con ellos su impotencia y opone a cualquier crítica la incontestable evidencia (en el fondo, tramposa) del "descomunal número de visitantes". En consecuencia, si tuviera que pronunciarme, aun lego en la materia (un visitante más, de los de a pie), yo preferiría entrar en un museo que favorezca el contacto directo de sus fondos con el público que llega hasta ellos (sea para contemplar sus tesoros, sea para consultar sus archivos, sea para indagar en su historia), en vez de esos otros obsesionados tan solo en aplacar la avidez de una masa deseosa de espectáculo. Porque el arte es largo y la vida breve, que dijo el clásico. Por eso queda y se conserva y nos implica en sus presencias implacables. ¿Cómo corresponderle, entonces, si no es acogiéndolo en esa casa del museo en la cual podamos pensarlo, que es consumirlo críticamente; es decir, en diálogo con él? Allí, la "experiencia del artista está relacionada con la forma en que los individuos están conectados con su comunidad"; dicho de otro modo, allí estos se sabrán personas, gracias a las ventanas que las obras abren ante ellos; pero no aislados, ni evadidos, sino pertenecientes a esa comunidad en donde se origina su memoria; y no me refiero tan solo a la local o nacional, hablo de la dimensión de totalidad que aporta la existencia y que ahora —en ese espacio— tenemos ante nosotros. Y ahí permanece.

Si tuviera que pronunciarme, diría también que ni las pautas del mercado ni la presión de la audiencia son buenas conejeras; que sería mucho más útil y eficaz —aunque no produjera resultados tan inmediatos, ni tan espectaculares— una "deliberada voluntad pedagógica" que pusiera de manifiesto "la memoria crítica" que nos pertenece. Sé que hoy —en el arte como en la vida— merece más bien poca atención el detalle, lo pequeño (que no sé por qué se dice así, cuando no es menor en tamaño), como tampoco se tiene respeto a la existencia del otro, del que es como yo, si no estamos ciertos de que, en el momento menos pensado, podrá devolvernos el favor. Y recomendaría una lectura muy saludable: ese libro de reflexiones personales que es *Dios lo ve*, de Óscar Tusquets. Para meditar. Porque, hoy, todo es número, cantidad, lo que más apabulla con su tamaño o su desmedido afán por dejarse ver; "poco importa la contingencia mundana y demasiado concreta de un simple cuadro", por ejemplo. Soy hombre de mi tiempo, de este tiempo, no puedo sustraerme a su influencia y sus servidumbres; pero, antes que de mi tiempo, soy hombre, ser social, hijo y heredero de una memoria que me representa, con mis presuntas grandezas y mis incuestionables debilidades, y hasta miserias, de las cuales me avergüenzo con solo contemplar, por ejemplo, los *Fusilamientos*, de Goya. Por eso lo seguiré visitando cuantas veces pueda; para no olvidarme de quién soy. Como aceptaré siempre el convite que me hacen Velázquez o Rembrandt o los expresionistas; acudiré siempre a la llamada de Galdós... Pero nunca cuando haya largas filas de visitantes que engrosan las arcas y apenas pasan, con su papanatismo, sin saber que es obligado ser reverentes y detenerse y mirar y pensar.

Un amigo, con quien siempre hablo y de quien siempre aprendo; un sabio que habita en las entrañas de un Toledo mágico, cerca de aquel gran maestre don Yllán, de quien Patronio hablara al conde Lucanor diciendo que "sabía ende más que ninguno que fuese en aquella sazón"; un amigo conocedor serio de muchas disciplinas, y más de arte y de las artimañas que ahora parecen suplantarlo, escribe, en un largo y profundo ensayo sobre la pintura de Francisco Rojas: "La obsesión mercantil, la inversión, el marketing, han producido una lamentable perversión del prestigio. Y el vulgo, más o menos pretencioso, más o menos pequeño burgués, más o menos inculto, abre la boca —mientras, curiosamente, mantiene los ojos cerrados— ante los 'santones' del arte, unos efímeros, otros duraderos, unos valiosos, otros banales (...) Espectadores así buscan en el acto gregario, en la afirmación gregaria, la seguridad que su falta de valor y de dignidad intelectual no les ofrece. Con un espectador cobarde y gregario son posibles todas las supercherías". Más alto podría haberlo dicho; con más lucidez y contundencia, imposible. No es amigo de publicidades mi amigo; escribe y piensa en su rincón y prefiere pasar inadvertido. Pero esta vez no le seré fiel; merece que dé su nombre: Jesús Cobo.

Yo no sé si cuanto he dicho resulta políticamente incorrecto; tampoco me inquieta demasiado que así pueda parecerlo. En estas calendas de confusión que habitamos, pienso que no nos cumple otro compromiso, a quienes escribimos, que decir lo que pensamos, aunque lo que acertemos a decir no concuerde con las medias verdades al uso, y por ello nos veamos relegados al ostracismo político e intelectual; es más, debemos alzarnos permanentemente contra todo aquello que amenaza con arrebatarnos nuestro más preciado tesoro: el pensamiento y la creación, que nos aseguran que vivir siempre tendrá sentido.

DE LAS DOS CUESTIONES QUE ME OCUPAN; de los dos referentes a partir de los cuales ha surgido mi larga reflexión última, que es —por supuesto— literaria, aunque solo en origen, he ido deduciendo cuanto permite que me reconozca en todo aquello que, durante décadas, se me advirtió que era ajeno y muy lejano. Son, sin duda, otras cuestiones que, si bien anidan en, y nutren, las formas de la literatura, van siempre más allá de su mera solución escrita a través de determinadas invenciones o creaciones; cuestiones cuya raíz se halla en el ser y en su razón de serlo, y de existir en tanto individuo y en tanto comunidad. Podría decir: filosofía; si no fuera esta teorización ulterior una acción expresiva que, para el caso que nos ocupa, viene a ser lo mismo que literatura. Por eso, aquellas dos cuestiones de principio, al menos en mi caso, se me han aparecido (ello es, se me han mostrado, pero también me han servido) con toda nitidez y sin haberlas buscado previamente; quiero decir que me han salido al paso a lo largo de esta dilatada lectura que me ha ocupado (y aún me ocupa) en las últimas décadas. Justamente, a partir de mi jubilación como profesor de literatura y del abandono subsiguiente de una actividad crítica que, a lo largo de toda mi vida literaria, había desempeñado —con más o menos continuidad, con mayor o menor incidencia en la literatura española e hispanoamericana, que en ambas laderas de nuestra lengua la desarrollé. Esas dos cuestiones son, digámoslo ya, la *religión* y la *memoria*. Subrayo, porque ni la una ni la otra responden, en mi criterio, a lo que de manera habitual y rutinaria (contaminadas, en consecuencia, por las connotaciones que les son inherentes), se entiende por religión y memoria. De esas lecturas mías a las cuales me he referido, algunas se han publicado ya, aunque a partir de ellas se han generado otras, sucesivas, que yo veo como círculos concéntricos desplegados desde un impacto inicial que les prestó un impulso y que ahora, ya, no es posible detener, toda vez que ha puesto en movimiento la quieta superficie bajo la cual reposaba todo aquello, a la espera de una mano o voz que sacara a la luz su dormida energía; dormida, sí, pero en absoluto agotada.

Superficie que venía a corresponder con la engañosa imagen que ofrecía cuanto se manifestaba como reiteración, como efemérides de lo mismo y —lo peor de todo— como corroboración de una evidencia mal llamada *realidad*, que no precisaba de ninguna manifestación presuntamente creadora para afirmarse como tal. Aunque se le ha prestado (se le presta) muchas veces tal imagen, sin pararse siquiera a pensar en su inconveniencia. Removidos, pues, los fondos de aquel estanque, no tuve más remedio que afrontar, como digo, aquellas cuestiones de principio (de principios, para ser precisos), si pretendía comprender —como era mi propósito— en qué consiste la verdadera realidad, pues los últimos presentes la habían pervertido al trivializarla de una manera que yo calificaría de inmisericorde; habían conseguido así que solo fuese moneda de cambio, y muy útil, con la cual cauterizar toda herida que infligiera, a los presentes que digo, cualquier pensar que no se ajustara a su orden convencional y a la *corrección*, cada día más exigente, impuesta por una acción superestructural que se halla además fuera de todo control, a salvo tras una descarada anonimia que no tiene el menor rubor en declarar. Como venía diciendo, he leído y he escrito sobre esas nuevas lecturas; y, en todo momento, me las he tenido que ver con cuestiones a las que solo podía entrar, y en las que —una vez dentro— solo podía entender, si tenía presente ese que he llamado su carácter *religioso*, o algo que se halla muy próximo a él. Llegado a este punto, era lógico pensar que no me bastaba con aludirlo así, tangencialmente, por muy claro que se me presentara. Y el ir, entonces, hacia esa deriva me obligó –también– a delimitar dicho concepto, puesto que religioso y religión eran términos cuyas connotaciones, como adelanté, no facilitaban las cosas, a la hora de manejarlos como recursos críticos.

Está muy claro, y casi resulta ocioso traerlo a colación (pero no), que las llamadas tradiciones religiosas han adquirido identidad, y han perdurado, porque son caminos a través de los cuales se alcanza la iluminación ante ciertas preguntas y ciertas experiencias del ser y de su existencia; pero no deja de ser cierto, también, y de sobra sabido es, que el pensamiento, a medida que adquiere sustento y solidez de razón, se alza –pertinente o impertinente– frente a la creencia, por más que nunca consiga apartar del todo, por lo menos, la sombra de esta última que planea permanentemente sobre él, o que desde el margen lo cuestiona –por más que se haya dicho, y repetido, que la forma que entonces adquiere viene a ser la de un pensar emocional y, en última instancia, retórico. La creencia es el ingrediente y aglutinante de la memoria; y, además, la energía capaz de dispersarla y disgregarla en múltiples sentidos, a partir de las perplejidades (e interrogantes) que propone siempre. Kant fue quien advirtió –si no ando mal orientado– que si la religión abriera hostilidades contra la razón, y lo hiciera de modo irreflexivo, jamás conseguiría la victoria. Por eso, cuando yo digo (y pienso) *religión*, estimo fundamental, para el debate que mantengo en mis lecturas (y por eso subrayo el término), considerar que no pongo sobre la mesa, ni de lejos, el asunto de las religiones, de las instituciones que asumen el sentido religioso al cual vengo refiriéndome y acaban por encerrarlo en un orden doctrinal que debe ser respetado, y cumplido, por quienes a tales instituciones se acogen, como miembros de las mismas, como creyentes. Pero tampoco pienso, y en este orden de cosas todavía mucho menos, en el ser o la existencia de Dios. Por mucho que la historia del pensamiento (siempre; aunque de manera radical y definitiva, en el pensamiento moderno y contemporáneo) parezca haber decretado la muerte de Dios, o su inexistencia, bien atestiguadas ambas por los sólidos argumentos de la todopoderosa razón, y por los hallazgos incuestionables de la ciencia (si bien en esto habría mucho que debatir), estoy convencido que reducir esta cuestión a esa bipolaridad (existencia/inexistencia, bien/mal) es un regreso inútil a la posición inicial, a aquella estrechez conceptual, ingenua por demás, que el maniqueísmo nos dejara en herencia.

Y, mucho menos, llegados a esta madurez de los tiempos y del conocimiento, a estas alturas del mundo y de la historia en las cuales nos hallamos, donde tanta complejidad debe ser tenida en cuenta. Por eso, lo que a mí me importa, lo que de la religión estimo fundamental para la lectura que digo, es cuanto tiene —ya en su origen— de comunión social, donde el ser se halla en su lugar y en donde arraiga en su memoria. Y algo más, y no menos importante: a partir de los cuales —lugar del ser y memoria— ese ser habla y piensa, da su palabra y se *expresa*, en el sentido etimológico de salir de sí y reconocerse en los otros. En consecuencia, si el obstáculo con el cual se tropieza es el de aceptar (o de rechazar) la presencia del mal, en esa religión como forma de comunión encontraremos, más que razones, evidencias de que existe en el hombre, en los hombres; y de que forma parte de ese modo suyo de estar en el mundo. Claro que, si solo llego hasta aquí, me avengo al debate de sobra conocido; y ya he avisado que plantearlo así me parece una evidente reducción que nos impide ir mucho más allá de tan estrechos límites. Pues, si digo comunión y si digo palabra, como acabo de hacer, estoy abriendo paso a otro rasgo fundamentalmente *religioso* que no podremos obviar, sin perdernos en los remontes de la teología que es teoría. Comunión y palabra –y no habrá que forzar mucho las cosas para entenderlo– nos ponen ante el brete del conflicto: el individuo y los otros individuos, con sus diferencias, con sus apuestas existenciales diversas; nos ponen, en suma, ante una acción latente, inminente, de la que el ritual y, por supuesto, el drama serán sus formas reconocibles y absolutamente necesarias, pues a través del diálogo se realizan.

Me referí a la religión, desde luego; pero también a la memoria. Y ambas vienen a coincidir precisamente en el uso de la palabra, al cual acabamos de referirnos. Porque, también en este caso, dejo a un lado la contaminación de dicho término, memoria, con ese otro que es su pariente próximo, pero con quien tan mal avenido se halla: recuerdo. La concurrencia apuntada entre religión y memoria existe –según entiendo– siempre y cuando no caigamos en la debilidad tramposa de hacer que la historia entre en la danza. De hacerlo así, estaremos errando el tiro desde el principio; y no habrá forma de corregir la alidada. El problema, en ambos casos –y en la confrontación recuerdo *vs.* memoria todavía más, por razones obvias–, reside en reducir toda reflexión a historia, encadenarla por fuerza a los procesos históricos y a sus consiguientes traumas. ¿Es, acaso, la memoria lo mismo que el acto de recordar? La diferencia fundamental viene declarada por esa *acción*, por ese movimiento (además, hacia adelante) cuya dirección está marcada de antemano, si tenemos en cuenta el étimo latino. Pues no se puede utilizar el pasado para lograr aquello que el futuro, de ese pasado, no nos da: repetir el pasado, y de ahí el reduplicativo recordar, es imposible y el enredo de la nostalgia y sus retóricas diversas lo confundirá todo. La memoria no entra en ese juego; nunca es la suya una acción ordenada y unidireccional, voluntariamente establecida. Porque también es otro su tiempo, no sometido a duración y caducidad: hilo de un fluir permanente, que se quiebra o se cruza, que regatea o se disgrega, sin que su utilidad tenga nada que ver. Las doctrinas religiosas (con su prometido paraíso) o las construcciones políticas (con sus utopías), dejan bien sentada la referencia de futuro y su porqué: están en el tiempo. La memoria liberada de todos esos objetivos, se carga permanentemente de experiencias, deja que debatan en su seno, para acabar mostrándonos siempre la condición limitada y carente del ser, su verdad.

Yerran quienes piensen que solo reivindico la memoria frente a la sociedad mediática y posmoderna; a su simpleza reductora general, que afecta de modo particular a la consideración del tiempo. Sería limitar mi reflexión a esa superficialidad ya instalada en el mundo; y –de modo alarmante– en el mundo del pensamiento. Y todo, al parecer, con la complacencia de quienes, de entre las gentes de la *intelligentsia*, se acomodan a ella. Tras la aceleración de la historia, lanzada sin el menor reparo hacia la meta del progreso en el último siglo, el espacio se ha reducido también y nos hemos quedado sin referentes, de espaldas a nosotros mismos. El único y último recurso parece ser la celebración, las efemérides; ello es, el recuerdo una vez más, con su corte de derivas sentimentales que ahora, a mayor abundamiento, se tiñen de interés ideológico y de corrección política: la dimensión de nuestro espíritu y de nuestra palabra queda así limitada a su servidumbre coyuntural, para desvanecerse luego sin más. Estos mismos días en que escribo, con setenta ya, me he decidido a hacer limpieza en las carpetas que reúnen mis notas y recortes de más de cuarenta años. Y, de repente, me doy cuenta de que la mayoría de lo que debo prescindir son suplementos y recortes de prensa; que cuanto allí quise conservar no era –como entendí, en su momento– parte de la memoria sino concurrencia circunstancial de efímeras conmemoraciones, que venían a olvidarse, una vez que otras reclamaban su lugar. El comienzo de esta lectura mía, que se quiere exploración por la memoria, coincidió –ya dije– con mi jubilación como profesor; momento en que doblé la esquina del pasado; tenía ante mi vista, entonces, solo ese territorio extranjero que es el futuro. ¿Cómo aventurarme en él sin la energía de la madurez, cuando es ya una evidencia el ser carente en el cual me reconozco? Porque la existencia ha de proseguir; y no podrá de otro modo si no es captando la memoria, esa herencia indiscutible en donde me será permitido reconocerme. Porque, sin memoria, qué identidad; y sin memoria ni identidad, qué discurso creador podrá generarse: sin espíritu y sin palabra, nada. En ello consiste la materia (y la necesidad expresiva) de lo que he denominado en mi lectura, aunque sigo pensando que de modo algo corto y superficial, la memoria literaria de Europa. Aunque no sea su totalidad la que abarque, sino aquellos afluentes de la misma, por donde yo pueda alcanzar ese espacio común –religioso– donde explicar mi conflicto con los otros y con el mundo, mi debate conmigo mismo, al margen del anecdotario que la corrección siempre acaba por imponer; que hasta pretende guiar nuestra mano para que deje testimonio de tal experiencia. Me resisto a claudicar.

En 1907, y ya ha llovido desde entonces, Antonio Machado dejó escrito, aunque en unos papeles dispersos que vinieron a ser encontrados a comienzos del otro siglo, este también nuestro, aunque hayamos llegado tarde a él, pero que no fue suyo; decía que don Antonio dejó escrito (y advirtió que sin ironía, sin humor, sin burla) algo que tituló "Tímidas consideraciones sobre el miedo de vivir y caminos para libertar a Dios, que está esclavo, según afirmó don Miguel de Unamuno". Ha despertado mi curiosidad, además de esa afirmación de que el papel va "de a de veras" —como escribe siempre RB, nuestro onubense en Colonia—, el tono de la prosa, tan bergaminiano que hasta parecería que nuestro viejo poeta y profesor, viejo sabio que es don Antonio Machado muy por encima de esas dos profesiones con las cuales se le identifica siempre —y yo voy, ahora, y caigo en el tópico. Dejémonos, pues, de eufemismos; y aunque él no lo quiera, digámoslo de una vez: el viejo filósofo que es. Pues por la poesía llegó a la filosofía, cuando se dio cuenta, perfecta cuenta, de con qué palabra trataba. Ahora, en este papel, nada más comenzar, advierte que hace su trabajo "en vil prosa"; y su propósito es "preparar el alma para vivir" —nada menos. Que con el alma cuenta siempre Machado es cosa sabida, o que debería saberse muy bien, por más que la mayoría de sus corifeos suele levitar con las concesiones a la retórica de las que el propio poeta se escabulló en cuanto pudo, para multiplicarse en almas (sombras, dobles) y voces (palabra dicha antes que escrita). Y no sé yo si lo de "vil" es adjetivo que le llega a la pluma a través de "villano", y esto en el sentido clásico nuestro que salva socialmente al tal, para marcar distancias con el contaminado de arriba, sin honra (o tal vez): aquel, en su rincón, íntegro, como el propio Antonio Machado que nos quiere hablar, y para ello recoge el eco y el guante (todo un desafío) del furibundo don Miguel. Y así lo afirma, sin la menor tibieza, nada más comenzar esta página: "Sí; no cabe duda, hay que libertar a Dios". La reacción, que es consecuencia para él, nos deja mudos (pensativos, digo) por un instante: para lograrlo, se deberían "organizar frecuentes becerradas o corridas de toros". Había advertido que ni burla ni ironía, ¿entonces? Ya veo. Veo y oigo. Porque les gusta mucho el espectáculo, toda manifestación que dicen festiva. Oigo y veo a la santa progresía, al grito unánime –de "moralistas pacatos", que ya los conoce el poeta, digo el filósofo– de todos contra la fiesta nacional, por nacional que no por fiesta, sin hacer caso ya a quien dice hablarles en prosa vil, si bien no envilecida como la suya –la de estos, naturalmente.

Bien: libertar a Dios que está esclavo; y a mayor abundamiento, al modo taurino que el escritor califica, con especial cuidado, de "alegre y temerario". ¿Se le entiende, o es que quienes son requeridos no quieren tener oídos para oír? Porque la cosa va –ya se ha dicho– del alma y ánimo –empuje vital– capaces de salir de esa melancolía miserable en la que gusta solazarse este pueblo; en particular, cuanto más intelectual dice ser: la queja o el llanto (ahora mismo, el grito, que viene a ser lo mismo, y su no por principio: miro a diario alrededor, y qué otra cosa veo); nunca la valentía ni el esfuerzo, para matar de una vez por todas ese miedo a la muerte, para amar sólidamente a la vida y entregarse a ella en lugar de culpar siempre a otro, a los otros, de semejante miedo: esa irresponsabilidad de sobra conocida. Afrontar la vida, no despreciarla; "y en el camino que nos lleve a Dios" hemos de comenzar por la tauromaquia, por agarrar al toro por los cuernos "en corto y por derecho", que no es frase huera o simple jerga taurina, sino que encierra mucho sentido y, además de sentido, mucho saber: ¿a qué mostrarse remolón o esquinado u oblicuo para ver, no de qué manera se encara la suerte, sino para *aliviarla* –que no es nada la palabrita tampoco? Aquí dejo a don Antonio; su contundencia me basta: "Comprenderéis –escribe– que nuestro espíritu religioso ha de ser, ante todo, generosidad, desinterés; pero nunca ascetismo (...), el altruismo es la ley esencial de la vida y único camino para libertar a Dios". No me resisto a repetir, con un poco más de énfasis, para perezosos o para duros de oído: Machado ha escrito, exactamente, "nuestro espíritu religioso"; y lo hace cuando lleva su reflexión hasta la generosidad, hasta el altruismo. De esa manera enlazo yo mi reflexión con la suya; porque ambos nos hallamos en ese mismo principio que dije comunión o nada; porque ambos estamos en que somos individuos entre individuos y, por consiguiente, nos hermana la diferencia, pero no el interés de cada cual sino el común. Y es entonces cuando empieza a tener sentido lo del toro; que no es porque sí que lo propone el escritor: el interés de todos, que el de uno es mero simulacro para salir indemne de la suerte: en el envite debe irnos el pellejo, única manera de libertarnos del "miedo de morirnos" (y no dice miedo a morir –advierto– que es cosa pasiva), "causa de todos nuestros males, musa inspiradora de todas nuestras tristezas".

Causa y musa. Otra de las asociaciones, verbales y de sentido, cuya propuesta nos deja hablando solos o mascando en seco; porque mira que hemos sido refractarios a ver la razón en tratos con la sinrazón, con los vaivenes del espíritu; y no digamos si entra la poesía (la inspiración) en la danza. No es casualidad (ojo, que no digo causalidad) que, en ese momento de su papel, Antonio Machado eleva el tono y, con apóstrofe más intencionado que gritado, llama la atención de maestros, de pensadores, de artistas y a ellos echa en cara su carencia: el "lenguaje espiritual" y, en consecuencia, su cobardía –así lo dice, sin cortarse un pelo. Escribe en 1907, sí; y puede que, escudándonos en tal circunstancia (la historia siempre es circunstancia, por más que muchos la hayan elevado a los altares), encontremos la coartada perfecta para esa cobardía (eso que el poeta dice habrá que leerlo y entenderlo en su contexto –dirán muchos); y a la melancolía que don Antonio señala impertinente con el dedo la dejamos allá, como cosa pasada y caduca... Pero cuando alguien como Antonio Machado mira y piensa, cuando dice lo que ve, y lo que piensa acerca de lo que ve, no lo hace para aprovechar la coyuntura sin más; quiere que su reflexión se mantenga viva, tensa, para que no perezca cuando todo pase. Lo del pasar ya lo deslindó Bergamín. Advierte Machado, entonces, de la diferencia entre las corridas de toros y esos otros juegos (ingleses, dice él) que agilizan y fortalecen los miembros, pero "no han de servir para aguerrir el ánimo": cuerpos de titanes con almas de gallinas, quienes los practican. Porque, una vez más, el quid de la cuestión está en el alma, en el ánimo, en la vida. Pero con un añadido implícito: que esta última se pone al tablero. No es la muerte del todo, sino la posibilidad de ser corneados y de que nos hiera el toro, si no andamos listos y nos dejamos llevar por la melancolía. Por algo no quería Sancho, ni por pienso, que su amo permitiera que otras manos lo acabaran que las de esa negra fantasma, "expresión –dice Machado– de las almas acoquinadas que no se atreven a vivir ni a morirse". De nuevo, el reflexivo; por fuerza, la forma de dicha acción, de dicho propósito.

Antes de la melancolía, la valentía –continúa el sabio; que ya vendrá, luego, la alegría. Valientes por dentro y por fuera; pues "hacia adentro o hacia fuera, el alma es la misma. Reconozcamos esa gran verdad". No se deja llevar; con absoluta contundencia dice lo debido; y lo debido es tal reconocimiento del alma, si es que hablamos –y todo apunta a que él así habla– con verdad. Que aquí nos hemos aferrado –torpes– a la realidad; porque podemos tocarla o verla; porque está ahí, puesta, sin que exija que se la piense demasiado. Pero esa no es la realidad; así lo hemos creído –siempre– y hasta nos hemos declarado realistas, con ese orgullo vano, sin saber qué decíamos con ese término. Pues, en su momento, quedó muy bien sentado, vertiginosamente claro, que la realidad no era lo que hemos creído, sino el espacio mediante, hallado por el creador y abierto por él a la mirada, entre la cosa (el objeto) y la mirada: la atmósfera mediante en ese hiato, debo insistir, porque Velázquez no me dejaría decirlo de otro modo; ni Cervantes, ni por supuesto Galdós que fue la culminación de lo mismo, pues hubo de hacerlo por medio del lenguaje y la existencia de sus criaturas: ni color, ni perspectiva, ni deformación, como Goya el sordo... Con la vil prosa que –lo hemos visto ya– es el camino elegido por Antonio Machado para llevarnos aquí a su molino y hacernos ver –reconocer, escribe: quedar sin capacidad para negarlo o rebatirlo– que, para libertar a Dios, para sacarlo de su cautiverio, el asunto es salir del "sórdido egoísmo que nos hace renunciar a la vida por miedo a morirnos o de que nos maten". Que nos hace –a maestros, a pensadores, a artistas– quedarnos cruzados de brazos ante "ese espíritu beato, cobarde y mojigato, a ese hombrecillo del mil disfraces, que tiene esclavizado a Dios". Espíritu cobarde, frágil hombrecillo, siempre tras su máscara, no solo para pasar inadvertido, para eludir también su responsabilidad, queriendo que se le crea otro; con vergüenza, y así rubrica nuestro filósofo su página, de tener que declararse cristiano: "Cristianicémonos, libertando a Dios –concluye–, como dice don Miguel de Unamuno (...). Si no nos queda sangre para torear, Dios seguirá esclavo". ¿Tengo derecho a llevar más allá de este extremo mi palabra?

Se puede (se debe) partir, para entendernos, de la conciencia escindida del hombre moderno. Que ha sido muy fácil, y muy socorrido, identificarla con el abandono de Dios. Y no. A mi modo de ver las cosas, de lo que se ha prescindido es de ese sentido *religioso* del ser al que he querido referirme. Porque se ha pretendido hacer como que no habita en aquel –como explica Hegel– una "conciencia desgraciada", un desasosiego espiritual derivado de su empeño en buscarse a sí mismo: frente a la fe gratuita, dada, que durante siglos lo sostuvo, dicho desasosiego no es un sucedáneo o paliativo, sino que encarna en él y lo obliga a vagar por el mundo, perdido. Estoy hablando, naturalmente, del ser que piensa; del ser que puede (y quiere) volverse sobre sí para saber, para conocer y conocerse, hasta hallar respuesta a su relación con el mundo. Por eso, toda esta experiencia del hombre moderno tendrá su reflejo en la palabra que, en última instancia, es su ser, su espíritu y principio que lo sostiene. De ahí que ese vagar y esa pérdida no tenga por qué ser pasiva, como parecería, sino que conduce a una acción colisiva, a un debate constante que siempre derrota en una nueva contradicción; en un nuevo límite y en la irrefutable conciencia de su carencia: aquello que, de verdad, lo constituye. No otra ha sido la deriva del pensamiento moderno siempre. Y, por eso, afirmar que el ser vaga perdido, precisamente perdido, no es decir verdad. La pérdida no es enajenación, nunca. Y menos cuando se mantiene alerta, en su confrontación con el mundo, el sentido religioso; ello es, el debate sin tregua con su dimensión negativa, finita (que o bien da con los otros seres de esa comunidad en la que se reconoce; o bien da con la otra dimensión –espiritual deberá de decirse– que lo integra en el mundo). Cuando se encara con su no infinitud, con su imposible (además de evidente) eternidad; hasta con la certeza de ser incompleto, de no ser superior... Ahora bien, dicha certeza solo se aprecia cuando se mantiene, y no se deja de lado, la conciencia religiosa que decíamos; conciencia de ser memoria. Que es, *mutatis mutandis*, lo que se ha rechazado; creo que conscientemente, para que triunfe aquella superficialidad o trivialidad en que ha acabado por asentarse la existencia.

Una vez alcanzada la modernidad contemporánea; cuando se instaló el reinado de la razón; cuando el mundo se redujo a ciencia y naturaleza; y cuando de la futilidad de la creencia se vino a derivar la muerte de Dios, que –en cierta medida– vino a ser un nuevo credo (véase la anterior reflexión de Machado; y adviértase que –como dice– no existe ironía alguna en sus palabras)... Desde ese preciso momento, me parece, se desencadena (y no ha hecho sino crecer y acrecentarse) la superficialidad que digo: o los discursos se reducen a una bipolaridad maniquea inadmisible o –esto ha sido lo más pernicioso– se ha establecido (y repetido hasta la extenuación, sin que se haya mirado atrás, siquiera de reojo) el discurso de la confusión, de la pérdida. Pero, para mí, la pregunta sigue siendo, y no parece que se quiera hallar respuesta, ¿por qué perdido, por qué confundido? Lo que sucede es que el hombre de esta posmodernidad no afronta su condición escindida, limitada, carente; parece que le basta con repetirla (diría que teóricamente, porque la existencia que lleva la contradice por principio: solo procura el disfraz permanente del poder, *creyendo* que así debe ser, que así es), y con volver –una vez y otra– a ese principio, sin dejar que se cierna sobre su existencia, siquiera la sospecha de que su sustento y aglutinante es la memoria. La historia se ha encargado de borrarla interesadamente. Lo que me resulta inexplicable es que aún el pensamiento, la filosofía, no se haya encargado de abrir camino en medio de semejante enredo, que siga tomando como referente esa modernidad caduca, ese materialismo sin desbrozar entronizado en cualquier debate con la existencia. Y más inexplicable aún que la literatura, y en particular la poesía o el drama (las formas que pueden abrir huecos para entrar y ver en dónde estamos y dónde se halla la verdad), se enroquen cada día más en la reiteración absurda de lo mismo, porque no varían el punto de partida, el principio. Digo verdad. No se piense que trato de regresar a la solidez incontrovertible de una certeza que ha de sernos impuesta. Quiero que se entienda la verdad como esa falibilidad que digo. O, si no, dígaseme por qué todo discurso social y político y mediático se sustenta –por sistema ya– en la mentira –sin paliativos debe decirse. Dígaseme, igualmente, si el materialismo no se ha enfundado, también, un disfraz que le viene muy a cuento (y a cuenta) para atenazar al ser, y para anularlo, con su increíble connivencia.

LO MÍO AQUÍ, AHORA, UNA PROPUESTA. Porque solo pretendo –y habrán de perdonarme el atrevimiento– hacerles partícipes de mi propia perplejidad. En cierto modo, obligarlos a compartirla conmigo, para encontrar así alguna compañía, y no sentirme tan solo... Los tiempos que corren –al menos, eso creo– no me dejan otra alternativa, cuando intento preguntarme si, de verdad, este reino es mi mundo: diría que hablo para nadie, que pienso para qué. Mi lectura y escritura, en este momento, quieren establecer una distancia, y adoptar una perspectiva o mirada crítica sobre la realidad circundante, con el fin de traspasar esa suerte de opaca superficie de las apariencias, de *lo conveniente*: la mentira se ha instalado –y con cuánta desfachatez; ni asombro causa ya– en el discurso de nuestros comportamientos sociales, y no digamos en los que atañen, de modo directo, al ámbito intelectual... Yo venía de la crítica literaria (y tantos me preguntan ahora por eso), con la intención de señalar qué razón había para que nuestra literatura (y no solo en sus plazos últimos) hubiese quedado presa de una retórica repetitiva; qué y quiénes (obras, autores) procuraban abrir brecha en semejante cerco infranqueable. Nuestra literatura, digo. Léase, claro, la escrita en lengua española.

En eso he consumido décadas; y siempre he tenido la impresión de predicar en el desierto: la fuerza y empuje de la actualidad dejaba sin efecto cualquier intento de pararme a pensar, y me veía desbordado por las circunstancias; cuando no cedía ante ellas, creyendo que tal vez era yo el equivocado. Pero esas eran las consecuencias. ¿Dónde, y cuáles, las causas? Y en esto, como digo, he venido a dar ahora. La *cosa* no estaba en lo que, de modo coyuntural, nos ofrecía eso que solemos llamar panorama literario de cada momento; había que ir al fondo *político* del asunto. No, no hablo de la actividad política, ni de las ideologías ni de los intereses partidarios; me refiero a la verdadera condición del individuo que no podrá entenderse fuera del espacio público que le corresponde, en donde halla a esos otros que son sus iguales pero, al propio tiempo, sus diferentes. Fondo político donde lo que estaba (y está; está ahora más que nunca) en juego, y en riesgo, era (es) la libertad de la palabra. Tampoco digo la *libertad de expresión*, slogan tan *correcto* como vacío ya de sentido. Estaba, está en juego, y en riesgo; porque, al secuestrar sus significados, el poder arrebata al lenguaje toda posibilidad de volverse críticamente hacia la realidad y hacia sí mismo.

Una añagaza del poder que —en los últimos tiempos— ha conseguido contaminar todos los estamentos de la vida, desde la actividad política (ahora, sí) hasta ese reducto último de resistencia (o eso creímos) que es la poesía. Contaminación que ha terminado por falsear el verdadero sentido democrático de nuestra vida en común. Por eso, lo mío, aquí, quiere referirse al lenguaje como instrumento crítico; y la perplejidad que con todos deseo compartir deriva de la impresión que me asiste (bien fundada, por cierto) de estar utilizando para mi propósito un instrumental expresivo que si, por una parte, creo que pondrá en entredicho el discurso *correcto* y mendaz dominante; por otra, me lleva a caer —paradójicamente— en la misma *corrección* que censuro, pues el poder aplica, con mucha sagacidad y gran eficacia, aquella estrategia secuestradora del significado y se apropia así, sin el menor reparo y también cínicamente, del discurso crítico para amordazar cualquier discrepancia, cualquier disidencia y hasta la misma reflexión crítica: sobrenada siempre, muy cómodo, la superficie de ese mar calmo de una gregaria uniformidad.

No digo nada nuevo si afirmo que los tiempos que corren se han acelerado, como nunca antes, hasta acabar por desprenderse de su ser. Ya, ya sé: esa ha sido la deriva de toda la historia contemporánea; pero, en las últimas décadas, excepcionales circunstancias han hecho que los tiempos se disparen y se desprendan, dislocados, de su eje. En consecuencia, ya no hay tampoco espacio que se ajuste a sus límites; al menos, a aquellos que habíamos establecido cuando en él hicimos morada. Para mí, que ya no *estamos*, que hemos perdido el sitio; y si *somos*, lo somos con ardua dificultad. Confieso que me encuentro perdido, que no me reconozco en mis alrededores; y mucho menos, cuanto más cerca de mí trato de hacerlo. Por eso me son más y más ajenas cada día –entre otras– ideas como centro o periferia, una disyuntiva en la cual creí posible sostener tantas necesarias interpretaciones y que ha acabado por volvérseme, más que reveladora, limitadora. Con ese vuelco del tiempo y ese derramamiento del espacio (no un cambio más en la historia; los hechos, por traumáticos, lo corroboran), la *corrección política* imperante (cobardía sobre descaro) exige que nos mostremos condescendientes, complacientes con todo aquello que no sea centro, con lo distinto y con la diferencia; con aquel otro que, desde cierta distancia, nos devuelve nuestra propia imagen. ¿De verdad está hoy tan lejos; es ya tanta la diferencia?

Desde Nueva Zelanda, casi a diario, me habla mi hijo y –entre tanta belleza natural que pondera– dice echar de menos la atmósfera colonial que esperaba encontrar como diferencia: tan igual aquel mundo al nuestro; desde Neuquén, en la Patagonia argentina, mantengo intercambio habitual –correspondencia o correo electrónico– con el poeta Ricardo M. Costa: idéntica inquietud en ambos, la misma rutina enervante –me dice– que a este lado del mundo: anda al mismo compás, y no quiere perderlo por la distancia (al fin y al cabo, solo nos separan unas cuantas horas); aquí ha publicado, con otros escritores de allá, sus poemas en los cuales está el paisaje hondo y la más honda reflexión del individuo en aquel confín; su apuesta al escribir, sin embargo, se relaciona con las cuentas pendientes que cualquiera puede tener con su existencia y con su memoria, así que esta no se limita al recorrido vertebral del espinazo de América, como dijera Neruda. Desde aquí, se muestra demasiada condescendencia por (y se celebra mucho) lo distinto; apenas nos damos cuenta (o no queremos) que se trata de algo impuesto por la fuerza, violencia que a diario padecemos del poder mediático, de una estrategia política premeditada, para acabar con el complejo de culpa histórico derivado de nuestra relación con esos otros, precisamente ahora que llaman a nuestra puerta, que reclaman con urgencia un lugar en este espacio y mundo que les son supuestamente enemigos.

Gentes que van y vienen, de una parte a otra del mundo, porque no hay distancias ya, porque una información puntual y necesaria les hace saber, en todo momento, hacia dónde y por qué deben encaminarse. Hasta cierto punto, civilizados; con la certeza de sus expectativas, se manejan en aeropuertos y aduanas, saben cómo afrontar la legislación de los lugares de acogida: ni incompetentes ni menores de edad cultural; lo raro o exótico que creímos vendría a zarandear con ellos este Occidente aburguesado y burocratizado se trueca —y no solo por necesidad— en la incuestionable disciplina burguesa y burocrática que adoptan inmediatamente, y sin la menor dificultad. A ser iguales, no distintos; a igualar, incluso, la lengua, y no digamos el *traje*: uniformados por imperativo de las modas, a las que obedecen satisfechos. ¿Dónde, pues, la diferencia que preservar, que iba a enseñarnos tanto? Así las cosas, cómo pueden valerme conceptos como periferia, o ultraperiferia, para armar un debate cultural, para establecer un pensar crítico. El profesor Nilo Palenzuela recordaba –en un ensayo ejemplar, "Islas, encrucijadas"– cómo esa bipolaridad movía la búsqueda de identidad en nuestros clásicos, prolongada luego en la proyección atlántica de las diversas utopías. Y yo podría añadir la necesidad de principio, reconocimiento de su memoria, que mueve a los escritores europeos del comienzo de la época contemporánea; o la inversión de perspectiva que rusos, escandinavos o irlandeses introducen en el debate existencial y literario con que se inicia el novecientos, con particular incidencia en la fundación del drama contemporáneo –en nada diferente, por cierto, a lo que entonces se está produciendo, de modo simultáneo, en América, con respecto a su principio europeo.

Ahora bien, las cosas ya no son así; y erramos al creer que podemos entendernos y afrontar críticamente la nueva y desconcertante situación por la cual atravesamos con un mero desplazamiento de la perspectiva; porque, a mayor abundamiento, ese es el criterio que ha acabado por establecerse; ese el nuevo canon y *centro* de todo. No ha sido un simple recurso retórico afirmar que me siento perdido; es que no cuento con elementos de juicio suficientes para dar respuesta a una situación como la que ahora debo afrontar (debemos afrontar). Y empiezo a pensar si ese instrumental crítico era válido o no antes; por más que lo hayamos manejado (yo, el primero) con tanto convencimiento. Desde luego, aquella idea de la periferia resultaba muy sugestiva desde el punto de vista teórico, facilitaba mucho –ya dije– las explicaciones; y la teníamos por una posición renovadora, progresista. Lo que no veíamos era que, sin proponérnoslo, estábamos contribuyendo a dar carta de naturaleza a esta actitud –ahora regresiva, pues se impone desde la conveniencia del poder– consolidada como *políticamente correcta*, en el peor sentido de esta expresión: con la pretensión de poner en entredicho la idea de centro, se generaban –desde la periferia– otros tantos centros que venían a afirmar una *posición* de poder, pues hacían inviable cualquier *disposición* a la reflexión crítica sobre sí misma, y dejaban sin efecto cualquier otra actitud de pensamiento o entendimiento de la existencia no condicionada –o tutelada– por aquel interés.

En un determinado momento, pudo parecernos muy claro: frente a la estrechez enconada del poder, solo era posible apostar por el diálogo entre ese poder y quienes –desde los márgenes– establecíamos un discurso concurrente, un reconocimiento de la diferencia en dicha concurrencia. Pero, de buenas a primeras, el poder fagocita con toda premeditación la pequeñez estrecha de los territorios étnicos, favorece la concepción fragmentada y fragmentadora de los orgullos patrios, de los egoísmos grupales, una torpeza inconcebible que aceptamos con pasmosa tranquilidad, aunque acabe –como ha acabado– en fanatismos dogmáticos de todo pelaje. La progresía vuelve con sus peores modos eclesiales (que creímos desterrados para siempre; pero no sabe historia, qué le vamos a hacer) so capa, una vez más, de disimulo y mentira; hace creer a su *feligresía* cosa bien distinta de la que procura. Como muy oportunamente advierte Predrag Matvejevic, hemos asistido, sin apenas notarlo, a una imposición de la "conciencia nacional [que] sustituye a *la* conciencia". Sin andarse por las ramas de *corrección* alguna, el escritor bosnio explica cómo la arrogancia de los nacionalismos, o de un populismo primitivo, ha logrado que se inviertan los términos y ha habilitado una solución artificial, aunque muchos se nieguen a admitirlo: identidad, diferencia, singularidad vienen a nutrir un pensar y una escritura que se aviene sin esfuerzo a esa "forma [de expresión] más periodística ('publicista') que literaria"; se afirman de modo ciego los nacionalismos, pero no se toma en consideración ni la variedad ni la complejidad de identidades que conforman la memoria que nos hace como somos.

Memoria: río de tantos afluentes y único espacio válido para un verdadero reconocimiento de la identidad, para un debate eficaz con ese proceso cultural que nos ha ido conformando. No es casualidad que, colocados en la misma situación, escritores tan distintos y distantes como Friedrich Hölderlin y Alejo Carpentier aborden su verdadera iluminación —existencial y literaria— a medida que remontan la corriente de un río: *regreso al hogar*, del poeta alemán, invitación seductora —escribe— "a salir más allá, a las prometedoras lejanías,/ allá, donde suceden los prodigios, donde la furia divina,/ el Rhin, cae de lo alto hendiendo en las llanuras un audaz camino"; y a partir de esa aproximación, contacto con lo que le es más propio y tiene por suyo, "aprender a reflexionar en el misterio de la cercanía que preserva. Es en este pensar donde se forman los reflexivos, los que no pasan de largo apresurados ante ese guardado hallazgo que justamente está preservado en la palabra del poema" —tal corrobora Heidegger, en sus *aclaraciones*, sobre el poeta. "Nueve días de meditación a lo largo del Orinoco (...), mirar el paisaje (...) como una especie de materialización del tiempo. Ese viaje hacia las fuentes (...), a contracorriente, era como una especie de recurrencia en el tiempo" —es el testimonio del escritor cubano, de su *retorno* también, en parejo sentido al de Hölderlin. Y su iluminación fue que, en aquellas leyendas difuminadas en la historia pero con su carga de fábula, de mito, "empiezo –concluye Carpentier– a traer Europa hacia acá y a verla de aquí hacia allá": el mismo misterio de la cercanía, disgregación vigorosa de la memoria.

El peligro reside, y Matvejevic lo señala también, en aceptar la singularidad por la singularidad, con temor a ser tenido por retrógrado, a no seguir los dictados de la actualidad. Pero la singularidad, primero, debe ser sometida a la prueba de su alcance y de su sentido; que no quede en el reducto de su parcialidad, en esa trampa de lo anecdótico como ahora sucede. "El vocabulario de las ideologías –sigue el escritor bosnio– hábilmente disfrazadas de democracia, es propenso a los términos de identidad y de singularidad para imponerse de nuevo sin necesidad de renovarse". Por supuesto, para quienes eligen el terruño, y creen en él (esa suerte de terquedad, tan "española", de identificarnos con la tierra, de ser aldeanos y parroquiales, que ahora nos ha devuelto –y nadie parece verlo– la versión de diseño de la despiadada y abominable figura del cacique, en los compromisos y las dependencias que genera la política en nuestras autonomías); para quienes en eso creen no hay más verdad que la periferia, o ultraperiferia, que habrá de justificarlos culturalmente. Lo que debería preocuparnos es cómo, en el ámbito intelectual, se defiende la vinculación a lo propio, a lo cercano y cerrado, como excluyente de lo demás; cómo se afirman "identidades mezquinas y cerriles, que piensan –es un decir– que [todo lo anterior] les ha de redimir de su impotencia".

Durante mucho tiempo, yo mismo he manejado términos como periferia y diferencia; siempre advertí, sin embargo, que nada tenían que ver con el sentido geográfico, con la prevalencia de un determinado lugar como tal lugar; tampoco los usaba como conceptos políticos, al servicio de una determinada presunta ideología. De poco valieron mis advertencias; era mucho más fácil –sin tomarse un tiempo para leer y pensar en ello– aprovechar aquellas palabras –solo las palabras– para avalar culturalmente la actividad política de "nacionalistas obtusos o conservadores ciegos, [que] se están convirtiendo en una aplastante mayoría" y que, sobre eso, imponen un criterio único en cuestión tan delicada, por compleja, como es la lectura crítica de nuestro tiempo. Yo me había ido a eso de la periferia, crédulo también en cierta forma; fié en lo que muchos decían; veía ahí un camino expedito para el debate sobre la diversa escritura literaria de una misma lengua. Pero cuando me encontré, de modo directo, con lo que llamábamos espacio cultural ultraperiférico de esa literatura, y quise confirmar allí mis primeras, y urgidas, apreciaciones, se me hizo claro que aquello nada tenía que ver conmigo, con mi presunta identidad periférica –o que tenía muy poco que ver: era una forzada convicción de conveniencia. Y, en sentido contrario, vine a descubrir que la referencia más cierta, en donde podía hallar razón y sentido a mi búsqueda y a mi palabra, era la memoria y su concurrencia babélica, tal la entiende y explica Paul Ricoeur. Una memoria que, curiosamente, me devolvía a lo que siempre dijimos *centro* con mucho recelo, porque lo teníamos –nos lo dieron– por ajeno. Espacio de la memoria europea formado por constantes flujos de Oriente a Occidente, y viceversa, en constante macareo.

Así, de mi lectura de la literatura en lengua española, y de su proyección atlántica, ámbito en el cual la familiaridad de lengua y carácter, historia y tradición, me permitía desenvolverme con cierta comodidad, pasé –como he venido diciendo– a entablar relación con las literaturas europeas de otras lenguas, en las cuales —y es lo que ahora importa— no solo me hallé más cerca de mi propio entendimiento, sino que podía entrar, por fin, en la memoria a la cual pertenecía y pertenezco. Memoria donde complejidad de pensamiento y riqueza expresiva dejaban en evidencia el orden exigido que tanto había intentado abordar —equivocada o limitadamente— desde aquella perspectiva que creí identitaria y no lo era. Mirando entonces hacia el principio europeo y su debate original —de plurales afluencias— entendí que no se podía contener en el simple conocimiento, manejable por asertivo, que tanto gusta al poder. Es más, nacía de una confrontación esencial y se consolidaba en una secuela interrogativa que —en el ámbito de la literatura de lengua española— se había desactivado, una y otra vez, al dar de lado a un pensamiento verdaderamente crítico y reducirse a la repentización ingeniosa y a la prédica moral. Trampas que, como esta de la periferia ahora, han sido bien aprovechadas por los estrategas del poder intelectual, expertos en volverlo todo por pasiva, para que siempre resulte *conveniente*.

Ni geografía, pues, ni política: lo periférico, una cuestión esencialmente de lenguaje, una cuestión expresiva; de formas de manifestarse la voz y, con ella, una *respiración* que siempre discute con la escritura y su sintaxis establecida, premeditada, impuesta, ¿por quién? Por los poderes —mediáticos, políticos, incluso académicos— que secuestran los significados y hacen inviable (o muy difícil) la voluntariosa búsqueda de sentidos, esa expresión en libertad, de libertad. Adviértase que he dicho respiración, una actividad orgánica y, por tanto, cosa de habla; que no se doblega al orden exigido, ni se reduce a la sintaxis necesaria para seguir perteneciendo al centro presuntamente poderoso, que premia a sus incondicionales. Cuando he manejado el término periferia, siempre lo he hecho convencido de que con él había que poner énfasis en la función expresiva de nuestra condición humana, porque así nos reconocemos e identificamos en relación con los otros –iguales y diferentes a un tiempo– en el espacio público que nos determina como individuos.

Por un lado, oigo a Ortega y Gasset: no se es diferente –dice– por "manifestarse en la insistente reclusión de lo que ya somos"; el asunto reside en cómo nos esforcemos en individualizar lo ajeno. "Nada, pues, más contrario a esa manera de buscarse a uno mismo que consiste en huir de los demás" –pone textualmente. Identidad como individualidad, quiere entender el filósofo; nunca acomodación gregaria a un modelo impuesto, establecido porque conviene a los intereses de poder –maneja mejor al grupo; y este se somete con docilidad complacida, sin apenas notarlo, tan halagado por aquel como está. Individualidad, añade, imposible sin un esfuerzo por alcanzar lo otro; error, buscarse huyendo de lo demás. Entonces, leo a Eugenio Padorno: "los límites de *mi* mundo –afirma– son los de *mi* lenguaje (...). *Mi* mundo me hace comprender el Mundo; tiene la inmediatez de la percepción primera, primaria... Es la originaria entrega del cuerpo a lo que no es él, tierra firme o abismo". No anda lejos el poeta del filósofo. Subrayemos: los límites que dice Padorno son los del lenguaje, no los de la lengua; los del individuo que es y que en el lenguaje se manifiesta. Por eso habla de un estadio primordial, en donde el cuerpo –dice expresamente el cuerpo; en consecuencia, yo leo una relación orgánica– se entrega "a lo que no es él": a lo otro, por tanto. Pero Padorno aún especifica, y esto resulta doblemente significativo, que lo otro es "tierra firme o abismo". Luego, no está tratando de *geografías*; nos sitúa en la radicalidad poética de la existencia, en el vértigo que origina, pues hacia lo demás se orienta siempre. O no es poética dicha experiencia.

Eugenio Padorno agrega que dicha verdad, en la cual persevera, "nada tiene que ver con raza, nación, creencia religiosa, etcétera: es la del ser verbal. Es la sola voluntad de completar el ser". Y entonces vuelvo a Ortega, en una suerte de juego de espejos, de perspectivas y voces que se cruzan: "el yo —escribe el filósofo— se forma con lo que no es él, con lo de fuera, con el grande mundo en torno". Elocuente, sin duda, lo que ambos dicen. Aun con todo, querría matizar —al hilo de lo anterior: verdad del ser verbal, que dice Padorno, por encima de toda atadura a los avatares de la historia; mas una verdad incompleta, si no se tienen en cuenta lo otro, al otro... Y de nuevo advertiría: leamos bien ese "lo de fuera" al que Ortega y Gasset hace referencia. Nada que se relacione con el espacio concreto que se habita, debe entenderse exterior de lo que se es (o se cree ser); leamos, con igual cuidado, ese "grande mundo" que dice (el mismo, por cierto, aquel con mayúscula hacia el cual Padorno orienta su comprender). Como venimos intentando explicar: este asunto del lugar no puede reducirse ya a la parcelación geográfica o política que, durante mucho tiempo, bastó. Esto es lo que ese poder al que aludíamos querría; por eso se empeña en continuar el juego, reduciéndolo todo a anécdota (que es lo fácil y lo que nos hace creer sin pensar). Pero aquí se trata de fijar posiciones de verdad; estamos en tratos con el pensar y con la expresión de esa verdad; estamos, en fin, en trance de desvelar el mundo y despojarlo de la mentira con que lo revisten incluso muchos de quienes dicen estar en esa búsqueda de su ser verbal.

Hace ya tiempo que he abandonado la práctica de una crítica específicamente literaria; a mi entender, la literatura ha acabado por integrarse del todo en aquel (o en este) centro; incluso aquella que se declaraba periférica y como tal se sigue postulando. No basta sino mirar a quienes, en su momento, apostaron por la diferencia americana del español y fueron, poco a poco, encontrando acomodo en un *territorio de La Mancha* que ellos mismos redujeron a slogan de fácil uso para los medios; que no nos pase inadvertido ese papanatismo académico que, con una perspectiva de muy cortas miras, se apresura a deglutir la actualidad para redimir no se sabe bien qué complejo de culpa; que no perdamos de vista a esos otros –tantos– que, sin apenas solución de continuidad, pueblan el escenario de la literatura más aceptada, celebrada y premiada, desde la Sudáfrica de Coetzee a la Turquía de Pamuk; desde el medio Oriente de Rushdie al Caribe de Walcott... Una vez acomodada, su escritura se despoja –sin remedio– de la condición sustantivamente crítica que se espera de la literatura, de la carga de su pensamiento y, en una palabra, de su ser poético. Repárese, sin embargo, en dónde –y en quiénes– hallamos resistencia, y el silencio subsiguiente que en torno a ellos se suele hacer, después de colmarlos de parabienes: de la Trinidad de V.S. Naipaul a la China de Gao Xingjan o el Londres de esa jovencita respondona, oriunda de Jamaica, que es Zadie Smith.

De ahí que, si pretendo mantener una perspectiva crítica de verdad, un debate dialogante, no halle otro camino que no sea entrar en danza con la política, entendida –como tantas veces he dicho– no como administración o gestión de la cosa pública, esa esterilidad burocrática y petulancia de leguleyos en que se ha convertido; lo combatimos con tanta energía y ahora ha venido a enrocarse y sirve de solaz a quienes, habiendo vociferado contra ambas, al final solo pretendían hacerse un hueco en ellas, estar ahí −visto lo que estamos viendo, y sufriendo. Les convendría, a mi entender, acercarse a la metáfora del desierto y el oasis, tal como la trae al debate (a un debate, por cierto, no muy diferente del nuestro) Hannah Arendt, en 1955. Y debo consignar la fecha, porque nada menos que entonces, y como si se tratara de lo más normal (así esta mujer nos pone siempre ante cuestiones decisivas que no pueden dejarse pasar sin pensar), Arendt dice cosas, ya veremos, que no salieron a la luz pública hasta medio siglo después: ponencia o conferencia, unas escasas cinco páginas que ahora, por hoy mismo y para nuestro asunto, nos obligan a detenernos y a pensar despacio en qué y hasta dónde nos afectan.

Habla Arendt, y es asunto recurrente en su obra, de nuestra esperanza de ser en el mundo para qué; como decir del sentido verdaderamente *político* de nuestra humana condición. Y, sin grandes retóricas ni sofisticadas teorías (esto, fundamental), parte de una imagen del individuo en medio del desierto de la *amundanidad* (es el término que emplea) que crece y crece a medida que reduce nuestra estatura existencial, como si nos engullera ese espacio de esterilidad y vacío, y nosotros sin darnos cuenta. Leemos: "nuestra única esperanza; a saber, que nosotros, que no somos desierto aunque vivamos en él, somos capaces de transformarlo en un mundo humano (...); precisamente porque sufrimos bajo las condiciones del desierto somos aún más humanos y estamos aún intactos; el peligro consiste en que nos convirtamos en verdaderos habitantes del desierto y *nos sintamos cómodos* en él". Subrayo y digo: si encajados en ese espacio, encelados por su presencia y extensión apabullantes, la deriva más fácil habrá de ser dejarse llevar sin ofrecer resistencia, creyéndonos parte de tanto para poder ser el centro que decíamos, con sus bien engrasadas estrategias; y que no nos sintamos dominados por él.

Pero no somos desierto, se apresura a decir Hannah Arendt; padecemos sus condiciones, sus tormentas de arena, esa particular respiración que nos asfixia y anonada ("los movimientos totalitarios, cuya característica principal reside en que se ajustan extraordinariamente bien a las condiciones del desierto (...), la forma política más adecuada a la vida del desierto") o paraliza cualquier acción que nos atrevamos a llevar a término, cualquier pasión que nos mantenga vivos, pues se nos desposee sutilmente de toda responsabilidad, de toda "virtud de resistir", de "cuanto convierte al hombre en un ser actuante": la energía que nos desplazaría fuera y nos rescataría de esa nada creciente, allí queda sin efecto. Metáfora de hoy, de esta encrucijada que aquí tratamos de reconocer y explorar: cómo se ha desactivado la tensión centro/periferia, aunque continúe el empeño de muchos por hacer de la periferia centro. Tormenta de arena totalitaria, para mí mucho más difícil de afrontar cuando su disfraz democrático dobla su fuerza, su contundencia cegadora: engaña y engatusa y encela, porque se apoya en razones bien distintas de las que dice defender.

Un desierto, sí. ¿Y el oasis? Esos dominios de la vida que existen en los desiertos, pero "independientemente, o al menos, en gran medida independientemente, de las circunstancias políticas", de la corrección que ahora dicen, para mantenerse siempre *au dessus de la melée*. Volvamos a lo nuestro, a ese tirón que nos empuja a un centro invertido, centro engullido por la tormenta (aunque pareció resistirla) y que acaba por imponerse con recursos de lenguaje muy bien estudiados, una retórica que dice salvarnos de toda solemnidad vana y no hace más que vaciar de sentido el lenguaje. "Lo que [en el oasis] disuena —sigue Arendt con su metáfora— es la política, nuestra existencia plural y no lo que podemos hacer y crear en la medida en que existimos en singular: en el aislamiento del artista, en la soledad del filósofo, en la relación inherentemente amundana entre seres humanos tal como existe en el amor y a veces en la amistad". Hoy diríamos todo aquello que nos tiene uniformados (¡qué peligro!) por informados; y en el fondo es lo que nuestra escritora ya vio en el 55 de las ideologías. Hay, sin embargo, un matiz. No lo perdamos de vista: estos dominios de vida se hallan en aquel desierto, y "nos permiten vivir en el desierto [pero] sin reconciliarnos con él".

O de otro modo: hacer de la acción vital un enfrentamiento crítico, un debate sin reservas, que nos permita recapacitar ante cualquier acomodación al desierto o ante el peligro de ser fagocitados por él; máxime, cuando de la palabra se trata, que se la cierra en su significado en vez de dejarla ir por caminos que, como dice Paul Ricoeur con George Steiner, "apuntan a un objetivo distinto de lo verdadero, de lo real, es decir no solo la falsedad manifiesta, la mentira [sino todo cuanto podríamos definir como] lo posible, lo condicional, lo optativo, lo hipotético, lo utópico (...) [y] lo que más puede trastornar el orden de nuestro propósito (...), la propensión del lenguaje al enigma, al artificio, al hermetismo, al secreto, a la no comunicación". Este deslizamiento que el poder no puede atajar, ante el cual se reconoce inerme, sin recursos, aunque trate de disimularlo. Confrontación, pues, desde dentro; no huida ni escapismo, que es la verdadera forma de aniquilar estos oasis, de desecarlos: otra tormenta de arena que nos arrastra, por nuestra negligencia e irresponsabilidad. La pregunta surge, entonces, de la amundanidad que –como señala Hannah Arendt– aparece por primera vez en el mundo moderno (¿por qué ser y no, más bien, nada?) y muy pronto, luego, en ese abismo que nos alonga hasta el debate contemporáneo en que aún estamos enfrascados (¿por qué alguien en lugar de nadie?).

De Leibniz, de Schelling, de Heidegger –lo advierte Hannah Arendt– procede esa disyuntiva de tan cierta y decisiva radicalidad. Se trata, en consecuencia, de un asunto para reflexionar y no repetir siempre nuestro modelo descalificador –tan clericales que somos. Por algo recuerda Nilo Palenzuela, y lo hace muy oportunamente, que Heidegger "tuvo en su prehistoria un estudio sobre san Agustín, [y que al preguntarse por la metafísica] pone en escena el vértigo del ser que se mantiene sobre el vacío". No lo hace, sin duda, como juego de exquisita erudición; con la certeza de que plenitud y carencia existen en nosotros lo hace, de que el ser implica el no ser, y viceversa; con la convicción de que, al hacerse patente el papel fundacional de la palabra, ese ejercicio "compromete a la literatura, a la filosofía y también a la religión (incluso en su ausencia)". Lo que nos importa entonces –y para nuestro asunto, de manera primordial– es que aquel vacío del desierto y aquella energía del oasis nos orientan hacia una búsqueda afanosa del origen, a sabiendas de las limitaciones inherentes a dicha acción con la cual se pretende una transformación de ese desierto. Este, el punto de confluencia de la propuesta de Hannah Arendt con la raíz a la cual reconoce pertenecer, con la memoria del origen que nos desvela, sin tener en cuenta esas otras menudas reducciones anecdóticas.

Y si nos aplicamos el cuento, no será extraño concluir que solo un individuo aislado de sus pasados nacionales, de sus respectivas tradiciones siempre biempensantes, y desligado por tanto de los lugares comunes y explicativos que los unos y las otras establecen; ello es, un individuo consciente de habitar aquellos oasis, se hallará siempre en la mejor disposición para indagar –leemos en Cristina Peñamarín– "en el estereotipo como medio para la construcción de barreras sociales (...) [y podrá] incrementar la flexibilidad necesaria para percibir nuestras actitudes hacia los otros". Vuelvo a Nilo Palenzuela. Ahora, a ese extraordinario y muy revelador ensayo, "Disfraces del tiempo", en donde aborda la lectura de Borges y de Unamuno. Esto escribe: "El otro –lo Otro– es una presencia que brota del *interior anonadado* del individuo como un fugaz sueño de identidad o que viene de *más allá* y altera la noción misma de sujeto". Como subrayo, deja bien claro que el asunto en el cual andamos no es cosa de lugar; ni que nos obligue a preguntarnos acerca del lugar: ¿dónde habremos de estar para entender el conflicto de nuestra identidad y su exigencia dialógica? Nos conviene fijarnos en dónde se sitúan (y a partir de dónde se generan) la pasión y la acción reclamadas por Hannah Arendt. No en *sitio* alguno, desde luego; por más que una concreta geografía nos proponga solicitaciones expresivas ineludibles; se trata de un lugar que es lenguaje y por ello memoria, único lugar, además, que es no-lugar dispuesto a acoger la aventura de la expresión, desplegada en una prolongación de conocimiento y reconocimiento; en un *más allá* desconocido que se resiste a su propia determinación. Si es así (y no me cabe duda de que así es) no puedo proponer, ni valerme de, una lectura crítica que sea *posición* adulterada capaz de desactivar la verdadera diferencia que aportaba el concepto de periferia.

Lugar lenguaje, lugar memoria; ello es, lugar ser. Lo que presupone una bipolaridad fondo/superficie: descenso y hundimiento en sí; alerta ante los bordes del abismo, para impedir la caída; esa delicada línea "donde es posible escuchar los rumores de la memoria y discernir sobre sus elecciones: en el gozne de lo uno y lo otro" (Nilo Palenzuela). Ahí, por una parte, nos extraviamos, nos disgregamos en laberintos de tiempo, trama de afluencias y superposiciones nunca dominada, por mucho que el orden sucesivo de la historia quiera imponérsele. Fronteras, sí; límites, bordes... Pero, ¿periferia ya? Porque, por otra parte, nos estamos dando de bruces continuamente con presencias que certifican una alteridad venida desde ese interior o de más allá, aunque las creamos procedentes de una distante y distinta ubicación geográfica: se trata de ese flujo del río aquel por donde se regresa hacia todos los lugares de la memoria, hacia el religamiento con el origen; que nos reclama para que cumplamos nuestra existencia como acción capaz de desvelar tanto los halagos de las simulaciones como las fuentes de los engaños. Los unos y las otras no son tan diferentes de los reclamos que ahora, en este tiempo de miseria, nos envía ese centro con disfraz de periferia que, con orgullo de última conquista, se nos propone como verdad incuestionable.

La metáfora de Hannah Arendt, por tanto, un revulsivo irónico muy saludable. Lo fue en aquel contexto del *mediosiglo* en que la escritora se aventuró a proponerla; no lo es menos ahora, cuando —de nuevo— se nos obliga a comulgar con las mismas ruedas de molino de siempre. Ahora, como hace cincuenta años, esa propuesta borra los órdenes del tiempo y la certeza del lugar; sugiere "un no lugar", una distancia que sí es verdadera diferencia y nunca —como por conveniencia se hace— suplantación de un lugar por otro, con el mismo influjo dominante. Un correlato evidente, en Eugenio Trías: en *La razón fronteri-za* apela a "una filosofía relativa a la *res* pública, a la ciu-dad, al ámbito convivencial, cívico y ciudadano, en donde discurre la vida en común con los habitantes de la fronte-ra". ¿No es este acúmulo característico la certidumbre de su ser desierto? Asoma, sin embargo, la evidencia de una habitación fronteriza; y Trías añade: "una vida cívica que se sepa salvar del doble evidente extravío de un cos-mopolitismo etéreo y carente de localidad o de un 'na-cionalismo' que solo sabe de raíces o que hipoteca el presente y el futuro en razón de una estéril nostalgia de un pasado permanentemente fantaseado". Si yo dijera en-tonces, refiriéndome a eso: oasis y escapismo −al modo que quiere Arendt en su metáfora− ¿no serían también de sobra reconocibles, y con idéntico sentido?

Entre aquel reducto identitario y la condición dramáti-ca, decisiva, del oasis, la acción y la pasión que dijo Arendt: consciencia de que habitamos entre el acogi-miento y aceptación que trata de hacernos creer que so-mos desierto, y la dispersión e intercambio con lo diver-so de la memoria común, facultad de sufrir y virtud de resistir, que también señala nuestra escritora. Diálogo, pues, entre lo uno y lo otro, nunca exclusión ni elimina-ción de uno de los extremos; y mucho menos, su inver-sión *conveniente*, como ahora sucede y asistimos inermes a tal estrategia, impuesta con artero disimulo: que el de-sierto aparezca como oasis. La clave para salir de seme-jante atolladero, que consigamos ver cómo el lenguaje con el cual eso se dice es más peligroso que nunca, dado lo sutilmente cínico que resulta: evita que seamos res-ponsables de nuestra palabra y nos deja medrar en el ti-bio lecho de arena, al sol, como si la luz nos viniera de añadidura; manipulados para que tengamos por verdad todo cuanto nos dice. No deja de ser un síntoma revelador que los escritores de hace un siglo, a quienes Nancy Huston ha denominado escritores divididos (cambian de país y de lengua; su identidad siempre en tela de juicio), pues ese hiato en que habitan es lo que los hace sufrir, comprender, escribir; y reconocen, además, lo absurdo de "ser nacionalista, sectario, [de] estar orgulloso de uno mismo, de poner el talento propio al servicio de cualquier causa"... Esos escritores –Nancy Huston dice Kafka, dice Rilke, dice Beckett, entre otros– parecen haber sido llevados ahora al panteón de ilustres, para provecho de efemérides y necrológicas varias, o para lucimiento de sus intérpretes académicos. No, no es casualidad: ellos nunca pretendieron "halagar las certidumbres, sino desafiarlas"; y eso resulta *inconveniente*. Mejor no dejarlos campar por sus respetos, evitar que mantengan intactos sus (nuestros) oasis.

Si algo he alcanzado a ver, gracias a este desvío que he tomado, es que aquella pérdida mía, aquel desconcierto, fue la consecuencia lógica de usar sin más –en el diálogo crítico que procuraba– conceptos preestablecidos cuyo significado entendía inamovible; y no era así: se hallaban siempre vinculados solo al interés y conveniencia de una acción política, ni tan siquiera intentaban dejar al uno y a la otra en entredicho; tampoco a las formas de lenguaje habilitadas para blindarlos. He aprendido también que el espacio de la expresión –por encima del de la literatura como actividad pública reglada– es el territorio donde se debe indagar y con el que se debe debatir. Viene todo desde la ineficacia del *compromiso*, y de sus trampas (que tanto se denunciaron); que ahora, por lo visto, tantos sagaces y pertinaces manipuladores del poder dicen que es necesario recuperar, volviendo a su disciplina; y ponen en marcha, una vez más, aquellos mecanismos que creímos desterrados para siempre: la consigna y la obediencia debida, el desprestigio sin más de lo demás, haciendo la vista gorda y los oídos sordos a la verdad. Cosa que, por otra parte, en España resulta muy fácil: la condición clerical anima cualquier actividad pública, incluso aquellas que se declaran contrarias a la misma.

Nunca le tuve mucha ley al *compromiso*, esa es la verdad. Ni siquiera en mis tiempos mozos; entonces, no me fiaba: siempre me resultó sospechoso tanto disimulo, tanta celebración del secreto y la clandestinidad como llevaba implícita. Además, habida cuenta lo que para nuestra sociedad siempre ha significado la cultura de la culpa, era claro que se le facilitaban las cosas al buen *feligrés* para que hiciera dejación de sus responsabilidades, y que otros decidieran por él. Así es como ha acabado por configurarse esta sociedad que todos decimos democrática, con la boca bien llena, y solo es rutina de *siemprelomismo*. Cómo voy a avenirme, entonces, a un reducto espacial o a un contenido convencional que responda a la denominación de periferia, o de ultraperiferia, cuando ya se ha convertido en flamante centro, y cuando se lo defiende con un denuedo coriáceo mayor si cabe que el que, durante tanto tiempo, protegió al otro centro tan denostado. Cómo voy a avenirme, si ya no existe esa diferencia posible, si lo propio identitario se utiliza como modo único, igualado, de ser y queda en una perspectiva residual, engañosa, que lo transforma en fanatismo intransigente, una perversión de lo religioso limitado a su patrón eclesial. El lugar del origen, el principio del lenguaje como voz no viene dado por la fe, ni se halla fijado en escritura alguna; se manifiesta en la constante relectura de la memoria, en el necesario corte o criba —como declara Roland Sublon— que la palabra exige para crear, y para renovar la relación entre los individuos.

En esas estamos. Y con asuntos que merecerían mayor seriedad, que piden pararse y pensar, antes que ir –apresurados– a ponernos incondicionalmente a su servicio: apartemos "los enloquecedores flujos de imágenes y ruidos, de opciones reverberantes, de informaciones e influencias parasitarias" (Nancy Huston). Porque resulta todo tan viejo, y tan pobre; porque aún está por ver –sigue sin afrontarse– la responsabilidad de quienes al ejercicio de la palabra y del pensamiento se entregan y se exponen, frente a ese coro de grillos que cantan sin mucho ton y con menos son, porque se creen a salvo en las alturas del saber como poder. Viene muy al caso algo que ha escrito Ida Vitale, cuando vuelve la mirada hacia el origen siciliano de su familia: "Algo que puede ser menor y para mí no lo es, tendría su origen allá en Sicilia: el cantar de a uno, el haber ignorado el arte y el gusto del coro (digo arte para excluir esa última y prestigiada extinción de la murga española, mediante la cual se justifica la libertad de desafinar vulgaridades, oculto entre los otros)". Cantar de a uno, lo que incomoda al poder; lo que inquieta a quienes llevan la manija en todo. Y bien que han desarrollado mecanismos para impedirlo. Y el peso de la información, que iguala siempre, no es el menos descarado ni el menos invasor de tales mecanismos. Coro o murga, lo que fomentan. Pero con un matiz: no solo el grupo que canta al unísono; el canto colectivo donde cabe la vulgaridad y el desafinar, donde la responsabilidad se diluye en los otros, se *oculta* entre los demás. Y todos tan tranquilos, por cierto. Muy contentos, incluso. ¿No nos *suena* a algo muy conocido?

Se terminó esta segunda edición de
Algunos ensayos de más,
de Jorge Rodríguez Padrón,
el 13 de agosto de 2016,
festividad de Santa Radegunda de Turingia,
reina de los francos,
patrona de Poitiers
y de todos los que están presos
como Ashraf Fayad,
en la ciudad de Palma.

LAVS DEO

LOS PAPELES DE BRIGHTON

http://lospapelesdebrighton.com

ʅ

Catálogo

Agosto de 2016

Colección Minúscula

1
Carlos Juliá Braun
Siete sonetos piadosos
26 pp.
ISBN: 978-0-9927430-0-0 (agotado; próxima reedición)

2
Juan Luis Calbarro
Diez artistas mallorquines
160 pp.
ISBN: 978-0-9927430-1-7 (agotado; próxima reedición)

3
Luis Ingelmo
Aguapié
62 pp.
ISBN: 978-0-9927430-2-4 (agotado; próxima reedición)

4
Carlos Jover
Bajo las sábanas
122 pp.
ISBN: 978-84-945158-2-8 (segunda edición)

5
Eduardo Moga
Décimas de fiebre
85 pp.
ISBN: 978-0-9927430-5-5

6
Teresa Domingo Catalá
Destrucciones
86 pp.
ISBN: 978-0-9927430-7-9 (agotado; próxima reedición)

7
Ángel Fernández Benéitez
Memoria del ave encanecida
78 pp.
ISBN: 978-84-945158-4-2

COLECCIÓN MAYOR

1 / Poesía
Julio Marinas
Poesía incompleta (1994-2013)
132 pp.
ISBN: 978-0-9927430-3-1

2 / Ensayo
Jorge Rodríguez Padrón
Algunos ensayos de más
156 pp.
ISBN: 978-84-945158-5-9 (segunda edición)

3 / Poesía
José Luis Pernas
Acaso el tiempo. Poesía reunida
148 pp.
ISBN: 978-84-945158-0-4

4 / Homenaje
Varios autores
Palabras para Ashraf
Edición de Juan Luis Calbarro
318 pp.
ISBN: 978-84-945158-3-5

COLECCIÓN ACADEMIA

1 / Pedagogía
Juan Jiménez Castillo
Leer para vivir
Una mirada de sentido común a la
naturaleza de la alfabetización inicial
168 pp.
ISBN: 978-0-9927430-8-6

EN PREPARACIÓN

Isaac Gómez Calderón
La parábola del arcoíris

Luis Ingelmo
El crujido de la amapola al sangrar

Máximo Hernández
Poesía completa